rororo

Denksport kann man mit fast allem machen: mit Münzen, Kalendern, Zahlen, Spielsteinen, Schnüren, Streichhölzern, Buchstaben oder, wie Alice, mit einem Schachbrett. Wissen Sie, wie man einen Hunderteuroschein wechseln muss, damit man zehnmal so viele Ein- wie Zweieuromünzen bekommt und den Rest in Fünfeuroscheinen erhält? Oder wie viele Monate mit fünf Samstagen ein Jahr mindestens hat? Oder wie man aus einer zerstörten schriftlichen Division die Anzahl der Piraten aus Captain Flints Bande berechnen kann? Diese und noch viele andere mathematische Rätsel hat Heinrich Hemme in unterhaltsame Geschichten verpackt.

Heinrich Hemme, Professor am Fachbereich Maschinenbau und Mechatronik der Fachhochschule in Aachen, ist ein großer Liebhaber mathematischer Denksportaufgaben. Außer seiner Rätselkolumne bei «bild der wissenschaft» hat er zahlreiche Bücher veröffentlicht, darunter bei rororo science «Mensch, ärgere dich nicht» (61575), «Das Ei des Kolumbus» (61927) und «Die magischen Vierecke des Abul Wafa» (61969).

Heinrich Hemme

Alice im Knobelland

Kniffliges für clevere Denksportler

Mit Illustrationen von Matthias Schwoerer

Rowohlt Taschenbuch Verlag

rororo science
Lektorat Ludwig Moos

Veröffentlicht im Rowohlt Taschenbuch Verlag,
Reinbek bei Hamburg, Juni 2006

Umschlaggestaltung any.way, Barbara Hanke
(Abbildungen: Royalty Free/CORBIS und
Blue Lantern Studio/CORBIS)
Satz Meta PostScript, InDesign
Gesamtherstellung Clausen & Bosse, Leck
Printed in Germany
ISBN 13: 978 3 499 62123 9
ISBN 10: 3 499 62123 1

Vorwort

«Alice im Wunderland» ist das wohl bekannteste Kinderbuch der Welt. Dass sein Verfasser Lewis Carroll, der eigentlich Charles Lutwidge Dodgson hieß, mit Begeisterung Rätsel löste und auch ein begnadeter Erfinder von Knobeleien war, weiß hingegen kaum jemand. Er schrieb zwei Bücher über mathematische Denksportaufgaben mit den Titeln «Pillow Problems» und «A Tangled Tale», die auch heute noch, über hundert Jahre nach ihrem Erscheinen, erhältlich sind. Carroll arbeitete in den letzten Jahren seines Lebens noch an einem weiteren Buch mit lauter selbst erfundenen Rätseln, das er «Alice's Puzzle-Book» nennen wollte. Leider wurde es nicht mehr fertig.

In unserem Buch reist Alice mit dem weißen Kaninchen ins Knobelland, muss dort Abenteuer bestehen und ein kniffliges Rätsel auf einem ungewöhnlichen Schachbrett lösen, um ihr Leben zu retten.

Gute Rätsel, so schrieb der große englische Rätselerfinder Henry Ernest Dudeney einmal, könne man aus fast allem machen: aus Münzen, Streichhölzern, Spielsteinen, Drähten, Schnüren, Buchstaben, Zahlen und Schachbrettern. Dudeney hat nicht übertrieben: Selbst im normalen Alltag tauchen immer wieder Fragen auf, die für einen Denksportler reizvoll sind. So handelt es sich auch bei den meisten Knobeleien dieses Buches um ganz gewöhnliche Alltagsgeschichten, wie sie jedem von uns täglich passieren können.

Da wir selbst keine Mathematiker sind, stellen wir auch keine Fragen, die nur ein Mathematiker beantworten kann. Ganz im Gegenteil: Die Logik- und Kalenderprobleme und sogar eine ganze Reihe der geometrischen Aufgaben verlangen überhaupt keine Mathematikkenntnisse und können mit dem gesunden Menschenverstand ohne weiteres gelöst werden. Für den größten Teil der anderen Aufgaben reicht die Schulmathematik der Mittelstufe völlig aus.

Wir wünschen viel Spaß beim Knobeln!
Heinrich Hemme Matthias Schwoerer

1. Alice im Knobelland

Als ich ins Wohnzimmer trat, schlug meine Tochter Christina gerade ihr Schulheft zu. «Fertig!», sagte sie zufrieden. «Was nehmt ihr denn diese Woche in der Schule durch?», fragte ich sie. «Wir sprechen über Lewis Carroll und sein Buch ‹Alice im Wunderland›. Wusstest du, dass Carroll Mathematikprofessor war und in Wirklichkeit Charles Lutwidge Dodgson hieß und dass er nicht nur Kinderbücher, sondern auch Bücher mit mathematischen Rätseln geschrieben hat?» Ich wusste es nicht. Christina hielt ihr Heft hoch. «Als Hausaufgabe sollten wir uns eine Alice-Geschichte mit einem Rätsel ausdenken. Möchtest du einmal meine hören?» Natürlich wollte ich das, und Christina fing an zu lesen.

«Alice war dem weißen Kaninchen durch den Wald bis zu einer kleinen dreieckigen Lichtung gefolgt. Der Boden der Lichtung war mit großen quadratischen Platten belegt, die immer abwechselnd schwarz und weiß waren. Alice fand, er sah aus wie das Schachbrett ihres Vaters, nur war hier die äußere Form kein Quadrat, sondern ein Dreieck. Alice ging auf die Platten zu und sah, dass auf jeder von ihnen ein Buchstabe stand.

‹Das ist aber eine komische Lichtung›, dachte sie und trat auf eine Platte, auf der ein N stand.

‹Auf die Knie, Kind!›, befahl plötzlich jemand hinter ihr mit lauter Stimme. Alice bekam einen gewaltigen Schrecken und fiel auf die Knie.

‹Was willst du in meinem Reich?› Vor Alice stand der weiße König eines Schachspiels. Er sah sehr groß aus.

‹Ich … ich … ich habe nicht gewusst, dass dies euer Reich ist, Majestät›, stammelte Alice. ‹Unsinn!› Der weiße König war verärgert. ‹Wache!›, schrie er. ‹Nehmt sie fest. Sie ist eine Spionin des schwarzen Königs.› Plötzlich standen zwei weiße Läufer neben Alice und hielten sie fest.

‹Ich bin keine Spionin. Bitte lasst mich gehen!›, flehte Alice.

‹Nun gut. Ich will dir eine Chance geben. Ich lasse dich frei, wenn du mir folgende Frage richtig beantworten kannst: Auf wie vielen verschiedenen Wegen kann ich in meinem Reich auf den Feldern, die jeweils einen Buchstaben enthalten, das Wort KÖNIG abschreiten? Natürlich darf ich mich nur wie der König eines Schachspiels bewegen: immer nur ein Feld nach links, rechts, oben, unten oder diagonal.›

Alice musste lange nachdenken, aber dann nannte sie die richtige Zahl, und die beiden Läufer ließen sie frei.»

Christina legte ihr Schulheft auf den Tisch. «Na, Papi, weißt du auch die Zahl?» Ich hatte keine Ahnung.

Wissen Sie, wie viele verschiedene Wege der König nehmen konnte?

2. Die alte Kiesgrube

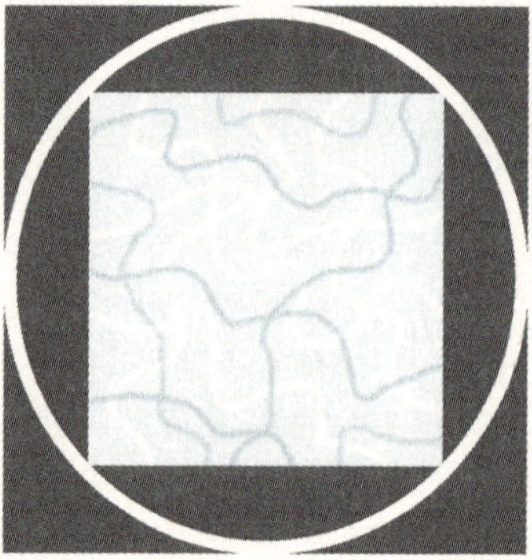

Als Kind habe ich gerne an der alten, stillgelegten Kiesgrube hinter dem Haus meiner Eltern gespielt. Es war zwar streng verboten, aber wen kümmerte das schon. Im Laufe der Jahre hatte sich in der Grube Regenwasser gesammelt, und es war ein hübscher kleiner Teich entstanden, in dem man herrlich baden konnte. Rund um die Kiesgrube lag ein Streifen Heide mit Kiefern, Birken und Wacholder und einigen kleinen Sandhügeln. Dies war der ideale Spielplatz für uns Jungen aus der Nachbarschaft, und ich habe ungezählte Nachmittage nach der Schule dort verbracht und bin oft erst in der Dämmerung mit zerrissenen und verdreckten Hosen und Pullovern nach Hause gekommen.

Viele Jahre später, als ich wieder einmal in meiner Heimatstadt war, ging ich an einem Sonntagnachmittag zu unserer alten Kiesgrube. Aber ach, wie hatte sie sich verändert! Ich erkannte sie kaum wieder. Die Stadt hatte das Gelände gekauft und einen kleinen Park daraus gemacht. Der Gartenarchitekt war wohl ein Freund strenger geometrischer Formen gewesen. Er hatte die Kiesgrube in einen quadratischen Teich umgewandelt, der in der Mitte des auch quadratischen Parks lag. Rund um den Teich lagen kleine Rasenflächen, Blumenbeete und Baumgruppen. Sie wurden von einem Weg durchschnitten, der den Teich in einem Kreis umrundete und ihn an seinen vier Ecken berührte, und der die vier Seiten der Stadtparkgrenzen in deren Mittelpunkten traf.

Mir schien, dass der Gartenarchitekt den Teich viel größer gemacht hatte, als er als Kiesgrube gewesen war. Aber ich kann so etwas schlecht schätzen, ich wusste nur, dass der gesamte Park, einschließlich des Teiches, eine Fläche von vier Hektar hatte.

Wissen Sie, wie groß der Teich war?

3. Das zersägte Schachbrett

Zu seinem achten Geburtstag bekam mein Sohn Matthias von meinem Schwager Klaus einen Kinderwerkzeugkasten geschenkt. Er hatte ihn sich sehr gewünscht, und die ganze Familie freute es, wie glücklich er darüber war. Nur ich hatte ein ungutes Gefühl bei diesem Geschenk, und wie sich bald herausstellte, nicht zu Unrecht.

Nach dem Geburtstagskaffee verschwand mein Sohn mit seinem neuen Werkzeugkasten in den Keller, und kurze Zeit später drangen leise Sägegeräusche zu uns herauf. Ich dachte mir zuerst noch nichts Böses dabei, doch als es dann im Keller still wurde und mein Sohn nicht wieder in der Wohnung auftauchte, wurde ich misstrauisch. Ich kannte meinen Sprössling: Wenn er für längere Zeit ruhig war, stellte er entweder gerade Unfug an oder er hatte ein schlechtes Gewissen.

Ich ging in den Keller. Freudestrahlend kam mir mein Sohn entgegen. «Schau mal, Papi, was ich zersägt habe!» Er hielt mir einen Stapel gleich großer quadratischer Holzplättchen entgegen. Ich erkannte sie nicht sofort. «Es ist dein altes Schachbrett. Ich habe meine neue Fuchsschwanzsäge daran ausprobiert.» Ärger stieg in mir auf. Mein schönes altes Schachbrett, eine herrliche Intarsienarbeit aus Ebenholz und Elfenbein, die ich von meinem Großvater geerbt hatte, war in seine 64 Felder zersägt worden! «Papi, rate mal, wie viele Male ich sägen musste.»

Ich habe natürlich nicht geraten, sondern stattdessen Matthias gehörig den Kopf gewaschen und ihn für den Nachmittag mit Hausarrest bestraft. Aber vielleicht kommen Sie der Aufforderung meines Sohnes nach. Wie viele gerade Schnitte musste er mindestens machen, um das Schachbrett in seine 64 Felder zu zersägen? Sie dürfen dabei annehmen, dass mein Sohn die schon zerteilten Stücke des Bretts aufeinander legte und zusammen durchsägte.

4. Freitag, der 13.

Luise war nicht zur Arbeit gekommen. Da sie weder Urlaub genommen noch sich krankgemeldet hatte, machte ich mir ein wenig Sorgen, dass ihr etwas zugestoßen sein könnte. Ich ging zur nächsten Telefonzelle und rief sie an, aber niemand nahm ab.

Abends fuhr ich auf dem Heimweg bei ihr vorbei. In ihrer Wohnung brannte Licht. Ich klingelte an der Haustür, aber sie öffnete mir nicht. Ich klingelte ein zweites und ein drittes Mal. «Wer ist da?», rief schließlich jemand in der Wohnung; es war Luises Stimme. Mir fiel ein Stein vom Herzen. «Ich bin's. Lass mich bitte herein.»

Nach einer Weile öffnete sie im Morgenmantel die Tür. «Was ist los mit dir? Bist du krank?», fragte ich sie. Sie antwortete mit einer Gegenfrage. «Weißt du nicht, was für ein Datum wir heute haben? Es ist Freitag, der 13.!» Sie setzte sich vorsichtig in einen Sessel. «Die Vorzeichen des Unglücks haben sich an diesem Unglückstag gehäuft. Beim Aufstehen heute Morgen bin ich mit dem linken Bein zuerst aus dem Bett gestiegen, und dann lief mir, als ich gerade die Haustür verlassen hatte, auch noch eine schwarze Katze über den Weg. Darum wollte ich lieber nichts riskieren und bin zurückgegangen und habe mich wieder ins Bett gelegt. Da bin ich dann den ganzen Tag über geblieben und nicht einmal zu den Mahlzeiten mehr aufgestanden.» «Ich wusste gar nicht, dass du so abergläubisch bist. Ich halte das alles für Unfug.» «Aber es nützt dir nichts. Selbst wenn man nicht daran glaubt, bringt es Unglück. Und dieses Jahr ist besonders schlimm, denn es hat gleich mehrere Monate mit einem Freitag, den 13.»

Das überraschte mich. Ich hatte immer geglaubt, Freitage, die auf einen 13. fallen, seien so selten, dass es gar nicht vorkommen könne, dass ein Jahr mehr als einen davon habe. Aber diese Annahme schien falsch zu sein.

Wissen Sie, wie viele Freitage pro Jahr auf einen 13. fallen können?

5. Die sechseckige Uhr

Meine Frau hatte sich von mir zum Geburtstag eine Kaminuhr gewünscht. Natürlich sollte es nicht irgendeine Kaminuhr sein, sondern eine ganz bestimmte, die sie mir im Schaufenster eines Uhrengeschäftes gezeigt hatte, als wir wie zufällig bei einem Sonntagsspaziergang daran vorbeikamen. Also erfüllte ich ihr den Wunsch und schenkte ihr die Uhr.

Diese Kaminuhr war keine gewöhnliche Uhr, sondern das Produkt eines modernen Designers. Das Gehäuse bestand aus feinmaserigem rötlichem Buchenholz und war matt lackiert. Es hatte die Form einer sechseckigen Schachtel, die auf einer ihrer Seitenflächen stand. Das sechseckige Zifferblatt war eigentlich gar kein Zifferblatt, denn es stand keine einzige Ziffer darauf. Es waren sogar nicht einmal die Stellen markiert, wo normalerweise die Ziffern stehen mussten. Die Uhrzeit musste man also allein aus der Stellung der Zeiger erraten. Mir gefällt so ein modischer Schnickschnack nicht. Ich erwarte von einer guten Uhr, dass auf ihrem Zifferblatt die Zahlen von 1 bis 12 stehen.

Als ich einige Tage nach dem Geburtstag meiner Frau für einen Moment alleine im Wohnzimmer war, konnte ich der Versuchung nicht widerstehen, die Kaminuhr zu drehen und auf eine andere Seitenfläche zu stellen. Die Zeiger standen nun zwar falsch, aber sonst konnte man ihr diese Untat nicht ansehen. Nachdem meine Frau wieder im Zimmer war, sagte ich beiläufig: «Ich glaube, deine neue Uhr geht falsch.»

Sie warf einen kurzen Blick darauf, lächelte etwas süffisant und meinte: «Mein Lieber, mit solchen simplen Scherzen bist du an die Falsche geraten.» Dann stand sie auf, ging zum Kamin und stellte die Uhr wieder auf ihre richtige Seitenfläche. Ich war überrascht. «Wie hast du erkannt, dass die Uhr nicht falsch geht, sondern nur auf der falschen Seite steht?»

«Wenn eine Uhr falsch geht, so stehen die Zeiger immer noch in einer sinnvollen Stellung. Damit meine ich, man kann aus ihnen eine Uhrzeit ablesen, die zwar nicht der aktuellen Uhrzeit entspricht, aber die trotzdem irgendwann eintritt. Wenn jedoch die Uhr auf eine andere Seitenfläche gestellt wurde und man weiß dies nicht, so sind alle Zeigerstellungen unsinnig. Man kann also keine Uhrzeit aus ihnen ablesen. Wenn beispielsweise mittags beide Uhrzeiger senkrecht nach oben zeigen, und die Uhr wird nun auf den Kopf gestellt, so zeigen sie danach beide genau senkrecht nach unten. Dies ist eine Zeigerstellung, die es bei einer Uhr niemals gibt.»

Das Uhrenproblem ließ mir keine Ruhe, und ich dachte den ganzen Abend darüber nach. Bei den Spätnachrichten im Fernsehen schoss mir plötzlich eine interessante Frage durch den Kopf. «Wie viele Seitenflächen muss eine Uhr haben, damit sie bei jeder Fläche, auf die man sie stellt, eine sinnvolle Stellung von Stunden- und Minutenzeiger ergibt?», fragte ich meine Frau. Sie konnte mir die Frage nicht beantworten.

Können Sie es?

6. Das Rechenbrett

Es ist jetzt schon sechs Jahre her, dass meine Tochter Christina eingeschult wurde. Sie hatte sich in ihrem letzten Kindergartenjahr nichts sehnlicher gewünscht, als endlich zur Schule gehen zu dürfen, aber dann, da sie es jeden Tag musste, machte es ihr überhaupt keinen Spaß. Das frühe Aufstehen Morgen für Morgen war eine Quälerei, Schreiben fand sie blöd und Lesen langweilig, malen mochte sie lieber, was sie und nicht, was ihre Lehrerin wollte, und wenn sie am Nachmittag Hausaufgaben machen sollte, so artete das immer in einen Kampf mit meiner Frau aus. Das Schlimmste aber war für Christina immer der Mathematikunterricht. Zählen von 1 bis 100 und zurück von 100 bis 1 war kein Problem, aber schon das richtige Deuten von zweistelligen Zahlen fiel ihr schwer: Bedeutete 24 nun vierundzwanzig oder zweiundvierzig? Auch das Addieren und Subtrahieren von Zahlen war ihr einfach ein Graus, und sie versuchte es nur mit dem allergrößten Widerwillen.

Das änderte sich erst, als sie von meiner Schwägerin ein Rechenbrett geschenkt bekam. Dieses Rechenbrett hatte sechzig quadratische Felder, und dazu gehörte eine Schachtel mit runden Scheibchen, auf denen die Zahlen von 1 bis 100 und Plus-, Minus-, Mal-, Geteilt- und Gleichheitszeichen standen. Nun konnte Christina mit der Mathematik spielen, und sie verlor für sie zusehends an Schrecken.

Eines Abends hörte ich, als Christina die Treppe zu mir heraufkam, wie etwas auf die Stufen fiel und hinunterklapperte. Es klang wie eine Hand voll Erbsen. Einen Moment später kam Christina weinend in mein Arbeitszimmer. «Papa, ich bin auf der Treppe gestolpert, und dabei sind mir die Steine von meinem Brett gefallen, und jetzt bin ich ganz traurig.» Schluchzend zeigte sie mir ihr Rechenbrett. Es lagen nur noch drei Steine mit den Zahlen 14, 29 und 46 auf dem Brett. Ich versuchte sie zu trösten, und als sie sich etwas beruhigt hatte, fragte ich: «Wie waren denn die Steine auf deinem Brett angeordnet?» «Ich habe alle Zahlen von 1 bis 60 auf das Brett gelegt. Und bei jeder Zahl habe ich die nächstgrößere und die nächstkleinere Zahl genau links daneben oder genau rechts daneben oder genau darüber oder genau darunter gelegt.» Christina fing wieder an zu weinen. «Und jetzt sind sie alle hinuntergefallen.» Ich nahm sie in den Arm und sagte: «Drei Steine liegen ja noch auf dem Brett. Komm, wir sammeln die anderen Steine ein, und dann versuchen wir, sie wieder so anzuordnen, wie sie vorher lagen.»

Das Ganze war doch etwas kniffliger, als ich vermutet hatte, aber nach einer halben Stunde war es uns gelungen, und meine Tochter konnte wieder lachen.

Wissen Sie, welche Zahl auf dem Feld in der unteren rechten Ecke stehen muss?

9. Der Tisch

«Ach, du Schreck! Tante Klara will uns besuchen!» Mit einem Seufzer gab ich meiner Frau den Brief. Tante Klara aus Wolfenbüttel ist die älteste Schwester meiner Mutter und in der ganzen Verwandtschaft gefürchtet wegen ihrer scharfen Zunge und ihrer ständigen Nörgelei. Zum Glück besucht sie ihre Neffen und Nichten nur alle paar Jahre einmal. «Sie bleibt doch nur für eine Woche», versuchte meine Frau mich zu trösten, aber glücklich sah sie dabei auch nicht aus. Plötzlich fiel mir der Tisch ein. «Was machen wir bloß mit dem Tisch?»

Bei ihrem letzten Besuch vor fünf Jahren hatte Tante Klara uns einen Tisch geschenkt. Er war ein scheußliches Ungetüm aus massivem, dunkel gebeiztem Eichenholz mit einer kreisrunden Platte und besaß mit Putten verzierte Beine. Der Tisch verschandelte unser schönes, helles, in Buchenholz möbliertes Wohnzimmer, und sofort nach Tante Klaras Abreise verbannten wir ihn darum in den Keller. Dort diente er seitdem als Werkbank, und seine Platte hatte natürlich unter dem Hämmern, Bohren und Sägen gelitten.

Wir gingen in den Keller und sahen uns den Tisch genau an. «Die Beine sind noch in Ordnung, und die Platte lassen wir von einem Tischler neu anfertigen. Dann stellen wir den Tisch wieder ins Wohnzimmer», schlug meine Frau vor. Ich war einverstanden und sagte: «Ich schraube die Platte sofort ab, und morgen fahre ich zu einer Tischlerei.»

Als ich am nächsten Tag von der Arbeit kam und die Tischplatte suchte, konnte ich sie nirgends finden. «Weißt du, wo die Platte ist?», fragte ich meine Frau. «Heute wurde Sperrmüll abgeholt. Da habe ich sie gleich mitgegeben», sagte sie. «Wie konntest du nur?» Ich war entsetzt. «Ich habe sie noch nicht abgemessen, und wenn die neue Platte auch nur einen Zentimeter größer oder kleiner wird, merkt Tante Klara es sofort. So, wie ich sie kenne, hat sie sich alle Maße des Tisches aufgeschrieben, bevor sie ihn uns geschenkt hat.» Meine Frau versuchte mich zu beruhigen. «Nun reg dich nicht auf. Erstens würde Tante Klara bestimmt nicht merken, wenn die Tischplatte eine etwas andere Größe hätte, und zweitens weiß ich, wie wir die Plattengröße herausbekommen können.»

Sie nahm mich mit in den Keller. «Du hattest doch den Tisch dort genau in die Ecke geschoben, sodass die Platte an die Wände und an die Ecke des Kabelschachts stieß.» Ich nickte. «Wir brauchen jetzt nur noch die Maße des Kabelschachts», fuhr meine Frau fort. Ich holte einen Zollstock. Der Kabelschacht, der genau in der Zimmerecke angebracht war und von der Decke bis zum Boden lief, hatte einen rechteckigen Querschnitt von 14 cm x 28 cm. Meine Frau nahm einen Zettel und fing an zu rechnen. Dann gab sie mir das Blatt und sagte: «So groß war die Tischplatte!»

Wissen auch Sie, welchen Durchmesser die Tischplatte hatte?

8. Die Lutscher

Es war ein schöner, warmer Sonntagnachmittag, und Onkel Alfons aus Neuenhaus war zu Besuch gekommen. Die ganze Familie saß im Garten, trank Kaffee, aß Kuchen und genoss das herrliche Wetter. Alle hörten gebannt zu, wie Onkel Alfons von seinem letzten Urlaub in den Pyrenäen erzählte und dazu Fotos herumreichte. Nur meinen Sohn Matthias interessierte das alles nicht. Unruhig strich er um den Tisch herum und verbarg etwas hinter seinem Rücken. Endlich war es so weit: Onkel Alfons war mit seiner Erzählung fertig, hatte den Kaffee ausgetrunken und lehnte sich gemütlich zurück. Auf diesen Moment hatte Matthias gewartet. Er holte hinter seinem Rücken sein Sparschwein hervor, stellte es vor seinem Onkel auf den Tisch und sah ihn, ohne etwas zu sagen, erwartungsvoll an.

«Na, dann will ich mal nachsehen, ob ich noch etwas für dich habe», sagte Onkel Alfons. Er nahm seine Geldbörse aus der Tasche und kippte ihren Inhalt auf den Tisch. «Diese zwei Euro sind für dein Sparschwein.» Er steckte die Münze in den Schlitz. «Und für den Rest kannst du dir Süßigkeiten kaufen.»

«Vielen Dank, Onkel Alfons!» Matthias strahlte über das ganze Gesicht. Sorgfältig zählte er das Geld zusammen; es waren 2,16 Euro. Er steckte die Münzen in seine Hosentasche und rannte zum Kiosk an der nächsten Straßenecke. Dort gab er das ganze Geld für Lutscher aus. Auf dem Heimweg kam er an einem Lebensmittelgeschäft vorbei. Im Schaufenster lagen die gleichen Lutscher, die er gerade gekauft hatte. Er sah auf das Preisschild: Der Lutscher kostete hier einen Cent weniger als in dem Kiosk. Matthias ärgerte sich schrecklich. In diesem Geschäft hätte er für das gleiche Geld drei Lutscher mehr bekommen.

Wissen Sie, wie viele Lutscher Matthias gekauft hatte?

9. Das Würfelskelett

Mit etwa dreieinhalb Jahren kommen Kinder in das Fragealter. Den ganzen Tag über werden die armen Eltern mit Fragen geplagt wie «Warum hat der Käse Löcher?», oder «Warum ist die Banane krumm?». Eine Beantwortung der meistens unbeantwortbaren Fragen zieht gleich wieder eine neue, noch schwierigere Frage nach sich. Ruhe davor hat man erst, wenn die Kinder abends im Bett sind.

Glücklicherweise ist das Fragealter bei den meisten Kindern nach etwa einem halben Jahr vorüber, und das Leben wird für die Eltern wieder etwas leichter. Leider habe ich das Gefühl, dass meine Tochter diesen Entwicklungssprung nicht ganz geschafft hat. Sie ist inzwischen dreizehn Jahre alt und plagt mich immer noch mit kniffligen Fragen, auf die ich selten eine Antwort weiß.

Neulich kam Christina in mein Arbeitszimmer und drückte mir ein Gebilde in die Hand, das man wohl am ehesten als Würfelskelett bezeichnen konnte. Es bestand aus zwanzig gewöhnlichen Spielwürfeln, die zu einem $3 \cdot 3 \cdot 3$-Würfel zusammengeklebt waren, bei dem der Zentralwürfel und die sechs

Würfel in den Flächenmitten fehlten. Etwas verärgert bemerkte ich, dass die Würfel aus meiner neuen Spielesammlung stammten.

«Papi, sag mir mal, wie viele Augen insgesamt auf den 72 Würfelflächen zu sehen sind, die nicht durch aufgeklebte Würfel abgedeckt sind!» Ich schluckte meinen Ärger herunter und begann zu zählen. Bei den 48 Flächen, die an dem Würfelskelett außen lagen, war es noch recht einfach, aber die 24 Flächen im Inneren bereiteten mir ziemliche Mühe. Ich vergaß beim Drehen des Würfelskeletts leider immer wieder, welche Augen ich schon gezählt hatte. Nach einigen Versuchen gab ich auf.

«Probier es noch einmal, Papi. Ich gebe dir auch einen Tipp», sagte Christina mit einem leicht überheblichen Lächeln auf den Lippen. «Ich habe immer nur Würfelflächen aufeinander geklebt, die die gleiche Augenzahl tragen. Jetzt ist meine Frage doch leicht zu beantworten.»

Das fand ich gar nicht, denn ich konnte mit dem Tipp nichts anfangen.

Können Sie die Frage meiner Tochter beantworten?

10. Die Wanderung

Ich wandere leidenschaftlich gerne, doch für meine Familie ist eine Wanderung nur eine langweilige und überflüssige Anstrengung. So habe ich in der Regel nur die Wahl, entweder alleine am Wochenende durch Wald und Feld zu gehen oder mit meiner Familie die Freizeit auf andere Weise zu verbringen.

Am Pfingstsonntag jedoch hatte ich mich durchgesetzt. «Monatelang habt ihr bestimmt, was wir am Wochenende machen. Jetzt bin ich mal dran», sagte ich beim Mittagessen. «Heute Nachmittag machen wir eine Wanderung um den Isterberg.» Die Gesichter wurden zwar immer länger, aber niemand widersprach mir.

Nach dem Essen setzten wir uns ins Auto und fuhren zu dem Parkplatz am Fuße des Isterberges, wo der Rundwanderweg beginnt und endet. Dort zogen wir unsere Wanderschuhe an, und ich schnallte mir einen Rucksack mit Verpflegung auf. «Wollt ihr lieber links- oder rechtsherum?», fragte ich.

Die Kinder entschieden sich für linksherum, und um genau zwei Uhr machten wir uns auf den Weg.

Das Wetter war schön, und nach und nach verbesserte sich die Stimmung meiner Frau und meiner Kinder, und schließlich hatten wir alle unseren Spaß an der Wanderung.

Wir waren schon eine ganze Weile unterwegs, als uns die Schuberts entgegenkamen. Familie Schubert wohnt in unserer Nachbarschaft, und wir sind gut miteinander befreundet. «Wollen wir gemeinsam weiterwandern?», fragte Sigi Schubert. Da aber keine Familie denselben Weg zurückgehen wollte, entschieden wir uns dafür, getrennt weiterzugehen.

Als wir um vier Uhr erschöpft, aber gut gelaunt wieder den Parkplatz erreichten, kamen im selben Augenblick auch die Schuberts von der anderen Seite an. Wir setzten uns alle auf eine Bank, und ich verteilte die Reste des Proviants aus meinem Rucksack. «Wisst ihr noch, wie spät es war, als wir uns unterwegs getroffen haben?», wollte meine Frau wissen. Sigis Frau und ich schüttelten den Kopf, und Sigi meinte: «Ich kann mich nur noch daran erinnern, dass wir um ein Uhr hier auf dem Parkplatz gestartet sind.»

Auf der Rückfahrt musste ich immer wieder an die Frage meiner Frau denken. Sollte es nicht möglich sein, die Uhrzeit des Treffens zu berechnen, wenn man annahm, dass beide Familien mit konstanten Geschwindigkeiten gewandert waren? Ich konnte keine Antwort finden.

Wissen Sie, wann das Treffen stattfand?

11. Monate mit fünf Samstagen

Am letzten Juliwochenende hatten wir unsere Nachbarn zu einer kleinen Grillparty eingeladen. Das Wetter war gut, und in unserem Garten kam schnell eine ausgelassene Stimmung auf.

Es war schon fast Mitternacht, als Alfred uns alle zusammenrief. «Könnt ihr mir einmal einen Augenblick lang zuhören? Ich möchte euch einen Vorschlag machen.» Er räusperte sich. «Was haltet ihr davon, einmal gemeinsam kegeln zu gehen?» Der Vorschlag wurde mit Begeisterung aufgenommen. «Das ist eine tolle Idee», meinte Helga, «aber wir sollten nicht nur einmal, sondern regelmäßig kegeln gehen.» Das fanden die anderen Nachbarn auch, und so einigten wir uns darauf, einmal im Monat einen Samstagabend lang eine Kegelbahn zu mieten.

Ich hatte angeboten, mich um die Bahn zu kümmern. Aber das war leichter gesagt als getan. Wo ich auch anrief, überall sagte man mir: «Es tut uns Leid, aber an den Wochenenden sind keine Kegelbahnen frei.» Bei meinem letzten Versuch hatte ich schließlich doch noch Erfolg, wenn auch nicht ganz so, wie ich es mir gewünscht hatte.

«Am ersten Samstag jedes Monats kommt der Kegelklub ‹Gut Holz›», sagte der Mann am Telefon. «Am zweiten Samstag kegeln die Angestellten der Firma Kruse, am dritten die der Firma Nagler, und am vierten spielt hier eine Thekenmannschaft aus dem ‹Schmiedehof›. Aber am jeweils fünften Samstag der Monate, die fünf Samstage haben, ist eine Kegelbahn frei.» «Wie viele Monate mit fünf Samstagen gibt es denn pro Jahr?», fragte ich den Mann, aber er wusste es nicht. Ich mietete die Kegelbahn trotzdem.

Zu Hause sah ich mir den diesjährigen und einige ältere Kalender an und stellte fest, dass die Anzahl der fünfsamstagigen Monate von Jahr zu Jahr schwankt.

Wissen Sie, wie viele Monate mit fünf Samstagen ein Jahr mindestens hat?

12. Der Numerologe

Mein Großvater hatte sich selbst immer als Numerologe bezeichnet. Eigentlich war er von Beruf Schuster gewesen, aber sein wahres Interesse galt den Zahlen. Nächtelang saß er an seinem Schreibtisch und dachte über die Eigenschaften von Zahlen nach. Ihn interessierte alles darüber, egal ob es die Zahlenmystik der Pythagoreer oder die abstrakte Theorie moderner Mathematiker war. Ich habe einmal versucht, in einem Lexikon nachzuschlagen, was genau ein Numerologe ist, aber ich konnte den Begriff nicht finden.

Als mein Großvater starb, erbte ich von ihm seine gesamte numerologische Sammlung. Es waren einige Dutzend Bücher und etliche Schränke voll mit Aktenordnern, die säuberlich ausgearbeitet seine Aufzeichnungen enthielten. Ohne recht zu wissen, was ich mit dem ganzen Papier machen sollte, blätterte ich in den Ordnern herum, als mir plötzlich ein einzelnes Blatt entgegenfiel. Ich hob es auf und sah es mir an. Auf dem Papier stand nur eine einzige Zahlenreihe, die von drei Pünktchen abgeschlossen wurde.

1, 8, 11, 69, 88, 96, 101 …

Ich vermutete, die Pünktchen sollten andeuten, dass man die Reihe nach einem bestimmten Schema fortsetzen konnte. Mein Großvater hatte eine Schwäche für die Sonderlinge unter den Zahlen gehabt, deshalb überlegte ich, welche kuriose gemeinsame Eigenschaft diese Zahlen verband. Es dauerte eine ganze Weile, bis bei mir der Groschen fiel und ich die Reihe fortsetzen konnte.

Wissen Sie, welches die nächste Zahl in dieser Reihe sein muss?

13. Münzprobleme auf dem Fischmarkt

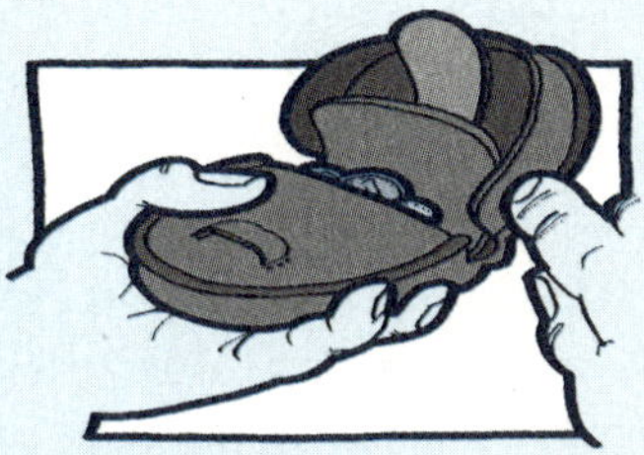

Im letzten Sommer habe ich mit meiner Frau einen Wochenendurlaub in Hamburg gemacht. Das Wetter war schön, und wir waren den ganzen Samstag über zu Fuß in der Stadt unterwegs. Wir stiegen auf den Michel, machten eine Hafenrundfahrt, tranken Kaffee am Jungfernstieg, gingen in «Planten un Blomen» spazieren und besichtigten das Rathaus.

Am nächsten Morgen standen wir schon um fünf Uhr auf, um uns eine der großen Hamburger Attraktionen anzusehen: den Fischmarkt. Sehr viele Leute hatten die gleiche Idee wie wir, und wir mussten weit vor dem Markt unseren Wagen parken und die letzten zwei Kilometer zu Fuß gehen.

Es war schon sehr voll, als wir ankamen, und eine dicht gedrängte Menschenmenge schob sich langsam durch die Gänge zwischen den Marktständen. Laut schreiend priesen die Händler ihre Ware an: «Apfelsinen! Apfelsinen! Nur zehn Euro für eine ganze Kiste voll Apfelsinen! Und ein Dutzend Bananen gibt's noch umsonst dazu!»

Wir gingen stundenlang von einem Stand zum anderen. Meine Frau hatte die Kaufwut gepackt, und ich diente als Packesel. Endlich konnte ich sie überreden, an einem Erfrischungsstand eine kurze Pause einzulegen, um einen Kaffee zu trinken. Meine Frau trank hastig ihre Tasse leer und sagte dann: «Würdest du hier zwei Minuten auf mich warten? Ich muss rasch meine Mutter anrufen und ihr sagen, wann wir zurückfahren.»

Zwei Minuten sind für meine Frau ein sehr dehnbarer Begriff. Nach einer Viertelstunde stand ich immer noch an dem Erfrischungsstand und wartete. Ich hatte den Kaffee bereits bezahlt und begann mit dem Wechselgeld zu spielen. Dabei stellte ich fest, dass ich mit den 1-, 2-, 5-, 10-, 20- und 50-Cent-Stücken jeden Betrag von einem Cent bis zu einem Euro exakt nacheinander bilden konnte. Es war also möglich, von dem Wechselgeld einige Münzen zu nehmen, die zusammen einen bestimmten Wert hatten, sie dann wieder zurückzulegen und danach den nächsten Wert zu bilden.

Wissen Sie, wie viele Münzen ich mindestens gehabt haben muss?

14. Das Hüpfspiel

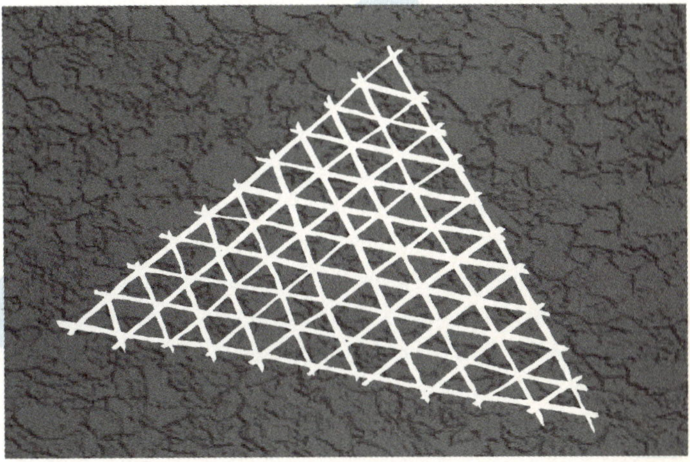

Draußen war schönster Sonnenschein, und ich saß am Schreibtisch und brütete lustlos über meiner Steuererklärung. Auf dem Platz vor dem Fenster meines Arbeitszimmers spielten meine Tochter und ihre Freundin Stella. Etwas neidisch beobachtete ich das Spiel der beiden Mädchen. Sie hatten mit Kreide ein großes Dreieck auf das Pflaster gemalt, das in viele dreieckige Felder unterteilt war. Abwechselnd stellten sie sich mit dem Rücken zum Dreieck an seinen Rand und warfen einen Kieselstein über die Schulter. Dann sprangen sie mit einem großen Satz in das Dreieck und hüpften auf einem Bein von Feld zu Feld nach Regeln, die ich nicht zu durchschauen vermochte. Aus meiner eigenen Kindheit kannte ich zwar noch eine Menge Hüpfspiele, aber dieses war mir völlig unbekannt.

Ich versuchte mich wieder auf meine Steuererklärung zu konzentrieren, aber es gelang mir nicht. Nach einer Weile ging ich nach draußen zu Christina und Stella. «Was spielt denn ihr für ein seltsames Hüpfspiel?», fragte ich die beiden. «Das haben wir uns selbst ausgedacht», antwortete mir Christina. «Sollen wir es dir erklären?» «Ja, bitte», sagte ich. «Man wirft zuerst, ohne hinzuschauen, einen Stein in das Dreieck», begann Stella. «Dann muss man von außen auf das Feld springen, in dem der Stein gelandet ist, und von da aus auf einem Bein nacheinander in möglichst viele Felder hüpfen. Dabei darf man immer nur in ein Feld hüpfen, das eine gemeinsame Kante mit dem Feld hat, in dem man gerade steht, und man darf jedes Feld nur einmal betreten.» «Das klingt nicht allzu schwierig», meinte ich. «Hat schon eine von euch alle Felder geschafft?» Die beiden verneinten das und forderten mich auf, es selbst einmal zu probieren. Ich zählte zuerst die Felder des Dreiecks – es waren 100 –, warf dann den Kieselstein und versuchte über möglichst viele Felder zu hüpfen. Ich schaffte 51. Beim zweiten Versuch hatte ich mehr Erfolg und kam auf 58 Felder. Beim dritten Mal schummelte ich ein wenig und warf den Stein auf ein Eckfeld, aber es nützte mir nichts, denn ich schaffte trotzdem nur 49 Felder. Allmählich kam mir der Verdacht, dass es unmöglich sein könnte, über alle Felder zu hüpfen, und ich begann zu überlegen, welches die größte Anzahl von Feldern ist, über die man nach Christinas und Stellas Spielregeln hüpfen kann. Ich kam jedoch zu keinem Ergebnis.

Wissen Sie, wie viele Felder es maximal sind?

15. Die ägyptischen Tetraeder

Der August ist der heißeste Monat in Ägypten, und die Temperaturen sind für einen Europäer fast unerträglich. Deshalb ist die Hauptreisezeit für Touristen das Frühjahr. Trotzdem war ich, weil ich zu keiner anderen Zeit Urlaub bekommen konnte, im August nach Ägypten geflogen.

In den ersten Tagen nach meiner Ankunft machte mir die Hitze schrecklich zu schaffen, aber dann hatte sich mein Körper daran gewöhnt, und ich konnte meinen Urlaub genießen. Dennoch flüchtete ich immer wieder in die angenehme Kühle der Museen.

In einem verschlafenen Ort in der Nähe von Luxor war ich auch, um der größten Mittagshitze auszuweichen, in das kleine Museum gegangen. Ich bummelte durch die Räume und sah mir die wenigen verstaubten und nur in Arabisch beschrifteten Ausstellungsstücke an. Da entdeckte ich in einer Ecke eine Glasvitrine, in der eine Reihe kleiner, steinerner Pyramiden stand. Diese Pyramiden hatten nicht die Form der berühmten, riesigen Pharaonengräber in der Wüste bei Gizeh, sondern es waren regelmäßige Tetraeder, also Körper, die von vier gleichen, gleichseitigen Dreiecken begrenzt werden. Jede der dreieckigen Seitenflächen der Pyramiden war entweder weiß, schwarz oder in dem für die ägyptische Malerei so typischen Rotbraun gefärbt. Ich konnte mir nicht erklären, welchem Zweck diese Tetraeder gedient haben mochten, und fragte deshalb den Museumswärter, der in der Nähe stand. Der Mann verstand jedoch weder Deutsch noch Englisch, und ich konnte kein Arabisch, und so weiß ich bis heute noch nicht, was die alten Ägypter bewogen hatte, diese farbigen Pyramiden herzustellen. Der Wärter hatte jedoch begriffen, wofür ich mich interessiere, und da ich der einzige Besucher in dem Museum war, schloss er mir die Vitrine auf, damit ich mir die Tetraeder genauer ansehen konnte. Ich nahm sie heraus und drehte sie in den Händen. Sie waren aus Kalkstein und alle etwa zehn Zentimeter hoch. Manche Pyramiden waren einfarbig, manche zweifarbig und einige auch dreifarbig. Bei einer genaueren

Untersuchung fiel mir auf, dass alle Pyramiden unterschiedlich gefärbt waren.

Wissen Sie, wie viele Tetraeder höchstens in der Vitrine gestanden haben können?

16. Das Wechselgeld

Thomas, der älteste Sohn meines Nachbarn Sigi Schubert, war aus der Schule entlassen worden, hatte noch einige Wochen frei gehabt und begann dann eine Lehre als Verkäufer in dem kleinen Haushaltswarengeschäft unseres Ortes. Mit etwas gemischten Gefühlen ging er an seinem ersten Arbeitstag morgens in das Geschäft. Was würde wohl alles auf ihn zukommen? Aber Herr Derks, der Besitzer des Ladens, war sehr freundlich und stellte ihm seine neuen Kollegen und Kolleginnen vor. Schon nach kurzer Zeit fühlte sich Thomas an seinem Arbeitsplatz wie zu Hause.

«Thomas!», rief ihn sein Chef. «Du kannst einmal die Regale abstauben. Dann lernst du auch gleich alle unsere Artikel kennen und weißt, wo sie stehen.» Ohne große Begeisterung machte sich Thomas an die Arbeit. So hatte er sich seinen Beruf nicht vorgestellt: Er wollte verkaufen und nicht putzen. Aber daraus wurde vorerst nichts. Den ganzen Vormittag über wienerte er mit einem feuchten Lappen alle Regalbretter ab. Doch am Nachmittag kamen viele Leute in das Geschäft, und Thomas durfte hin und wieder einen Kunden bedienen.

Gegen drei Uhr rief ihn Herr Derks zu sich und gab ihm einen Hunderteuroschein. «Wir haben kaum noch Kleingeld in der Kasse. Laufe rasch rüber zur Bank und lass dir die hundert Euro wechseln. Ich möchte gerne zehnmal so viele Eineurostücke wie Zweieurostücke, und für den Rest lass dir Fünfeuroscheine geben.»

Thomas ging los und sagte dem Bankkassierer, was ihm sein Chef aufgetragen hatte. «Sie müssen mir schon etwas genauer sagen, was Sie haben wollen», meinte der Mann unwirsch. Thomas überlegte. Der Auftrag, den ihm Herr Derks gegeben hatte, war nicht ganz einfach auszuführen, aber er wollte ihn korrekt erledigen. Thomas war ein guter Rechner. Er setzte sich hin, zog einen kleinen Notizblock und einen Kugelschreiber aus seiner Kitteltasche und fing an zu rechnen. Schon nach wenigen Augenblicken war er fertig, ging zurück zum Schalter und sagte dem Kassierer, wie viele Ein- und Zweieurostücke und wie viele Fünfeuroscheine er haben wollte.

Können Sie auch Thomas' Problem lösen?

17. Die gestohlene Brieftasche

Mein Bruder ist Physiklehrer an einem Gymnasium in Osnabrück. Jede Woche trifft er sich am Dienstagnachmittag mit einigen an der Physik besonders interessierten Schülern in der Schule. Dort arbeitet er dann Themen durch, die im normalen Physikunterricht, der für alle Schüler ist, nicht behandelt werden können, und baut die Experimente für den Unterricht auf und probiert sie aus.

Diese kleine Physik-Arbeitsgemeinschaft ist das Hobby meines Bruders. Vor ein paar Wochen gab es jedoch einen hässlichen Zwischenfall, der ihn sehr enttäuscht hat. Als die Schüler im Klassenzimmer die Versuche aufbauten, wurde meinem Bruder die Brieftasche gestohlen. Nur einer der fünf Schüler der Physik-Arbeitsgemeinschaft konnte der Dieb gewesen sein, da sonst niemand den Raum betreten hatte. Mein Bruder sprach sofort mit jedem der fünf Schüler.

Alfred war empört: «Ich habe Ihre Brieftasche nicht gestohlen! Ich habe noch niemals in meinem Leben etwas gestohlen. Dora ist die Diebin.»

Berta sagte etwas schnippisch: «Ich habe die Brieftasche nicht genommen. Ich habe selbst eine sehr gute. Emil weiß, wer sie stahl.»

«Ich bin nicht der Dieb. Ich habe Emil heute noch nicht gesehen. Dora hat die Brieftasche gestohlen», meinte Carl.

Dora sagte auf die Frage meines Bruders: «Ich bin unschuldig. Emil hat die Brieftasche gestohlen. Alfred lügt, wenn er sagt, ich sei eine Diebin.»

Zum Schluss sprach mein Bruder mit Emil. Dieser sagte: «Ich bin nicht der Dieb. Berta ist die Schuldige. Carl kann bezeugen, dass ich nicht die Brieftasche gestohlen haben kann, denn ich war die ganze Zeit über mit ihm zusammen.»

Mein Bruder versuchte die fünf Aussagen in Einklang zu bringen, aber es war nicht möglich. Deshalb sprach er mit jedem der Schüler ein zweites Mal. Bei diesem zweiten Gespräch gaben alle fünf zu, beim ersten Mal genau einmal gelogen zu haben.

Wer war der Dieb?

18. Der Landarzt

Vor einigen Wochen musste ich beruflich für ein paar Tage nach München. Da ich einige Geräte aus meiner Firma mitnehmen musste, fuhr ich die Strecke mit dem Wagen. Ich war schon in Bayern, als ich im Radio in den Verkehrsnachrichten hörte, dass sich vor mir auf der Autobahn ein langer Stau gebildet hatte. Darum verließ ich an der nächsten Abfahrt die Autobahn, um über Landstraßen nach München zu fahren.

Nach einiger Zeit kam ich in einen kleinen Ort, dessen Name mir irgendwie bekannt vorkam. Ich war schon fast wieder aus dem Dorf hinaus, als mir der Grund einfiel: Während meiner Schulzeit hatte ich einen guten Freund, den ich aber später aus den Augen verlor. Er hatte Medizin studiert und dann eine Landarztpraxis in Bayern übernommen. Irgendwann hatte ich einmal die Eltern dieses Freundes getroffen, die dann den Namen des Ortes erwähnt hatten. Es war das Dorf, durch das ich gerade fuhr.

Ich musste erst am nächsten Morgen in München sein und überlegte mir, dass ich meinen alten Schulfreund besuchen könnte. In einem Telefonbuch fand ich seine Adresse.

Edmund freute sich sehr über meinen Besuch. Wir hatten uns fünfzehn Jahre nicht mehr gesehen und uns viel zu erzählen. «Bleib doch heute Nacht hier. Du hast es doch nicht so eilig, und wir haben ein schönes Gästezimmer, in dem du sicherlich besser schläfst als in einem Hotel.» Ich blieb da, und wir machten es uns mit einer Flasche Rotwein gemütlich.

«Wie läuft denn deine Praxis?», wollte ich wissen. «Ich kann nicht klagen», sagte Edmund. «Ich bin der einzige Arzt im Umkreis von zwanzig Kilometern, und jeder im Ort ist mein Patient.» «Dann kann ich dir nur wünschen, dass die Leute auch gelegentlich einmal krank werden», meinte ich. «Ich habe im letzten Jahr eine Statistik geführt. Die Menschen hier sind sogar sehr häufig krank: 85 % hatten Grippe, 80 % eine Mandelentzündung, 75 % Kreislauf- und 70 % Magenbeschwerden. Aber mein Schaden ist es nicht.» «Das glaube ich dir gern!» Ich sah mich in dem großen und teuer

eingerichteten Wohnzimmer um. «Wenn so viele deiner Patienten Grippe, Mandelentzündung, Kreislauf- oder Magenbeschwerden hatten, dann muss doch ein beachtlicher Prozentsatz auch alle vier Krankheiten gehabt haben.»
«Du hast Recht», antwortete Edmund, «aber ich habe darüber keine Statistik geführt. Aus den Zahlen, die ich dir genannt habe, kannst du jedoch ausrechnen, wie viel Prozent meiner Patienten mindestens alle vier Krankheiten im letzten Jahr hatten.»

Ich konnte es nicht. Wissen Sie die Lösung?

19. Der Kegelklub

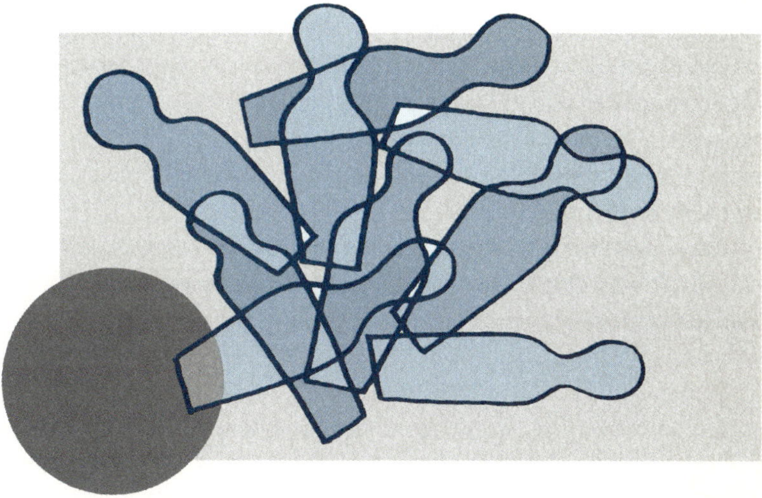

Seit einigen Jahren sind meine Frau und ich zusammen mit etlichen anderen Ehepaaren in einem Kegelklub. Mehrmals im Jahr verbringen wir einen Samstagabend auf der Kegelbahn, und jedes Jahr im Herbst wird unsere Kegelkasse geplündert, und wir fahren mit dem gesamten Klub für vier Tage an die Mosel.

In diesem Jahr war trotz unserer Kegelfahrt noch Geld in der Kasse geblieben, und wir beschlossen, mit dem Trend der Zeit zu gehen und für die Schriftführung und Kassenverwaltung des Klubs einen kleinen Computer zu kaufen.

Da ich der Kassenverwalter unseres Klubs bin, versuchte ich zusammen mit Erwin, unserem Schriftführer, den neuen Computer zu programmieren. Ich verstehe leider nichts von Computern, aber Erwin, der Ingenieur ist, konnte sehr geschickt damit umgehen. Schon nach wenigen Minuten hatte er ein kleines Programm geschrieben und gab dann die Daten der Klubmitglieder in den Computer ein.

«So, das war's!», sagte Erwin. «Wenn du jetzt das Wort ‹Männer› eintippst, erscheinen alle Ehepaare unseres Klubs, nach dem Alter der Männer sortiert, auf dem Bildschirm.» Ich probierte es gleich aus, und sofort erschien eine Liste auf dem Schirm. Mein Name stand dort an siebter und Erwins Name an achter Stelle.

«Du kannst auch das Wort ‹Frauen› in den Computer tippen», meinte Erwin. «Dann erscheint die gleiche Liste, nur ist sie nun nach dem Alter der Ehefrauen geordnet.» Ich tippte das Wort ein, und es erschien eine Reihe von Namen, in der meiner an achter und Erwins an siebter Stelle stand.

«Es gibt noch eine dritte Möglichkeit. Wenn du das Wort ‹Paare› eintippst, werden die Namen nach dem Gesamtalter der beiden Ehepartner sortiert.» Ich tippte also ‹Paare› ein. Diesmal hatte sich die Liste deutlich verändert. Mein Name stand jetzt an erster und Erwins an letzter Stelle.

Wissen Sie, wie viele Ehepaare Mitglieder in unserem Kegelklub sind?

20. Das Schützenfest

Das Ereignis des Jahres war in unserem Dorf das Schützenfest. Schon Wochen vorher begannen die Vorbereitungen. Überall wurden Plakate aufgehängt, und jede Familie des Dorfes fand in ihrem Briefkasten eine Einladung und ein Festprogramm. Die Männer bauten auf dem Dorfplatz ein großes Zelt auf und davor eine Würstchenbude, einen Bierstand und für die Kinder ein kleines Karussell. An der Stelle, wo die Hauptstraße in den Dorfplatz mündet, wurde ein Ehrenbogen mit aus Tannenzweigen geflochtenen Girlanden errichtet. Die Frauen bastelten Rosen aus farbigem Papier und schmückten damit den Bogen. Alle Straßen wurden mit Fähnchen dekoriert und an den Häusern der Schützenbrüder große Vereinsfahnen aufgehängt.

Endlich war es so weit. Alle Dorfbewohner hatten sich auf dem Platz vor dem Festzelt versammelt und warteten auf den Einzug der Schützen. Ich stand am Ehrenbogen und sah die Schützenbrüder durch die Hauptstraße auf mich zukommen. Alle hatten die grüne Vereinsuniform an, und ihre Orden blinkten in der Sonne. Sie marschierten im Gleichschritt, und ihnen voran ging der Hauptmann mit einem Säbel am Gürtel und einem mit langen, weißen Federn geschmückten Hut auf dem Kopf. Er kommandierte mit lauter Stimme: «Links, zwo, drei, vier! Links, zwo, drei, vier!» Mir fiel auf, dass die Schützen sich so formiert hatten, dass sie gerade so viele Reihen bildeten, wie in jeder Reihe Männer marschierten. Es war also eine quadratische Marschordnung. Ich war gespannt, wie die Schützen durch den Ehrenbogen kommen wollten, denn ihre Reihen waren breiter als der Bogen. Kurz bevor die Schützenbrüder den Bogen erreichten, rief der Hauptmann: «Stillgestanden!», und alle blieben stehen. «Formiert euch neu!» Für einige Sekunden gab es eine Unordnung unter den Männern, dann hatten sich drei quadratische Formationen gebildet. In den Formationen, die untereinander einen Abstand von etwa fünf Metern hatten, waren in jeder Reihe so viele Schützen, wie die dazugehörige Formation Reihen hatte. «Im Gleichschritt, marsch!», kommandierte der Hauptmann, und dann marschierten alle, zuerst der Hauptmann und danach die drei Formationen, durch den Ehrenbogen. Ich war überrascht: Ich hatte nicht erwartet, dass man aus der quadratischen Marschordnung drei neue quadratische Formationen bilden konnte.

Darum fing ich an zu rechnen und stellte fest, dass die ursprüngliche quadratische Formation die kleinste ist, die man zu drei quadratischen Formationen umordnen kann, wenn man annimmt, dass in jeder mehr als ein Mann marschiert.

Aus wie vielen Schützen, den Hauptmann mitgerechnet, besteht unser Schützenverein?

21. Die beiden Käfer

Ich hatte Urlaub, die Sonne schien, und es war ein schöner, warmer Sommertag. Meine Frau war mit den Kindern zum Einkaufen in die Stadt gefahren, und ich hatte den ganzen Nachmittag für mich. Also stellte ich mir einen Liegestuhl in den Garten und holte mir ein Glas Orangensaft und ein spannendes Buch. Ich machte es mir auf dem Liegestuhl gemütlich und begann zu lesen. Entweder war das Buch doch nicht so spannend, oder ich war sehr müde, denn schon nach wenigen Minuten fielen mir die Augen zu.

Die Sonne stand schon tief, als ich wach wurde. Noch etwas verschlafen blinzelte ich in die Sonne, als mein Blick auf das leere Orangensaftglas fiel: Auf dem zylinderförmigen Glas saßen regungslos zwei Marienkäfer. Ich setzte mich auf, um sie mir etwas genauer anzusehen. Einer der beiden Käfer saß auf der mir zugewandten Seite des Glases auf der Außenfläche, etwas unterhalb des Glasrandes. Der andere Käfer war in das Glas gekrochen und saß auf der dem ersten Käfer diametral gegenüberliegenden Glasseite knapp über dem Boden.

Plötzlich begann der erste Käfer zu krabbeln. Er bewegte sich auf den Rand des Glases zu und kroch über die Kante in das Glas hinein auf den zweiten Marienkäfer zu. Nach kurzer Zeit hatte er ihn erreicht, und beide breiteten die Flügel aus und schwirrten aus dem Glas heraus.

Ich hatte den Käfer beim Krabbeln genau beobachtet und mich ein wenig über den Weg, den er genommen hatte, gewundert. Mir kam die Idee, dass der Käfer vielleicht die kürzestmögliche Route von seinem Platz zum Platz des zweiten Käfers gekrabbelt sein könnte. Mein Interesse war erwacht. Ich ging ins Haus und holte mir ein Maßband, um das Glas zu vermessen. Es hatte einen Umfang von vierundzwanzig und eine Höhe von sechzehn Zentimetern. Ich hatte mir gemerkt, wo die Marienkäfer gesessen waren, und konnte deshalb auch ihre Positionen nachmessen. Der Platz des ersten Käfers war zwei Zentimeter vom oberen Rand und der des zweiten zwei Zentimeter vom Boden entfernt gewesen. Nun konnte ich den kürzesten Weg des Käfers ausrechnen und mit seinem wirklichen Weg vergleichen: Tatsächlich, der Marienkäfer war auf der optimalen Strecke zu seinem Partner gekrabbelt.

Wissen Sie, wie lang der Weg des Marienkäfers war?

Sie dürfen dabei die Wandstärke des Glases vernachlässigen.

22. Die Fakultäten-summe

Ich hatte am nächsten Morgen eine wichtige Konferenz und musste dafür noch einen Bericht schreiben, als meine Tochter in mein Arbeitszimmer kam. Sie schien sich zu langweilen, spielte mit meinen Schreibtischutensilien herum und redete über irgendwelche belanglosen Dinge. Ich fragte sie deshalb, was sie am Vormittag in der Schule durchgenommen hätten.

«Wir haben über Fakultäten von Zahlen gesprochen», antwortete sie. «Was ist denn das?», wollte ich wissen. «Die Fakultät einer ganzen Zahl ist das Produkt aller ganzen Zahlen von 1 bis einschließlich der Zahl selbst. Beispielsweise hat die Fakultät von 4 den Wert 24, denn $1 \cdot 2 \cdot 3 \cdot 4$ ist 24», belehrte mich meine Tochter. Ich wollte sie mit einer längeren Rechnung für einige Zeit beschäftigen und sagte darum: «Ich mache dir einen Vorschlag. Wenn du alle Fakultäten von 1 bis 100 zusammenzählst, erhältst du eine ziemlich große Zahl. Wenn du mir die letzte Ziffer dieser Zahl richtig nennst, bekommst du fünf Euro von mir.»

Ich hoffte, nun in Ruhe arbeiten zu können, aber das war ein Irrtum. Schon nach zwei Minuten nannte sie mir eine Ziffer und behauptete, dies sei die richtige Endziffer. Natürlich glaubte ich ihr nicht und nahm an, dass sie sich einfach eine Ziffer ausgedacht hatte, in dem Glauben, dass ich sie nicht überprüfen würde. Aber so leicht sollte sie es nicht haben. Ich legte meinen Bericht beiseite und holte meinen Taschenrechner hervor. Jedoch merkte ich schnell, dass ich damit nicht weit kam. Schon die Fakultät von 12 hatte so viele Stellen, dass der Taschenrechner sie nicht mehr alle anzeigen konnte. Also machte ich mich an das mühevolle Geschäft, alle Fakultäten bis hin zur Fakultät von 100 schriftlich zu berechnen und anschließend die hundert Zahlen zusammenzuzählen. Ich war damit über zwei Stunden beschäftigt und musste schließlich feststellen, dass meine Tochter die richtige Endziffer des Ergebnisses genannt hatte.

Ich weiß bis heute noch nicht, ob meine Tochter zufällig die richtige Ziffer erraten oder ob sie irgendeinen Trick bei ihrer Berechnung angewandt hatte, und möchte Ihnen darum die gleiche Aufgabe stellen: Wie lautet die Endziffer der Summe aller Fakultäten von der Fakultät von 1 bis zu der Fakultät von 100?

23. Die Kartenreihe

Einmal im Monat treffe ich mich samstagnachmittags um vier Uhr mit einigen alten Freunden zum Rommé. Das Kartenspielen ist nur ein Vorwand für ein paar gesellige Stunden, und deshalb nimmt auch niemand das Spiel so recht ernst, und manchmal weiß zum Schluss keiner mehr, wer eigentlich der Sieger des Tages war. Trotzdem wird an diesen Samstagen ein gewisses Ritual immer bewahrt: Derjenige, der exakt um sechs Uhr die meisten Punkte hat, muss in die Küche und für alle Schnittchen schmieren.

Am letzten Samstag hat es mich erwischt. Während ich in der Küche Brote mit Käse, Ei und Schinken belegte, hörte ich, wie sich im Wohnzimmer meine drei Freunde gegenseitig Kartenzaubertricks vorführten. Das geschah häufig, wenn einer von uns mit dem Essenbereiten beschäftigt war, und darum wiederholten sich die Tricks meistens.

Auch diesmal war es nicht anders, bis schließlich Karl sagte: «Passt auf! Ich werde euch jetzt ein Kartenrätsel stellen. «Die beiden anderen hörten ihm gespannt zu und versuchten, das Problem zu lösen. Letztlich gelang es Dieter. «Ich hab's!», rief er und nannte dann eine Spielkarte. Die Lösung schien richtig zu sein. Jetzt fielen auch den beiden anderen Rätsel und Knobeleien mit Spielkarten ein, und als ich mit meinem Tablett ins Wohnzimmer kam, waren alle so begeistert dabei, sich gegenseitig mit möglichst kniffligen Kartenrätseln zu traktieren, dass sie meine Schnittchen kaum beachteten.

«Wollt ihr nicht zuerst einmal etwas essen?», fragte ich. «Gleich, aber zuerst einmal musst du diese Aufgabe lösen», antwortete Werner. Er legte vierzehn Karten in einer Reihe verdeckt auf den Tisch. Dann drehte er die vierte und die drittletzte Karte um. Es waren eine Sieben und eine Acht. Nun tippte er auf die achte Karte und fragte: «Kannst du mir sagen, welchen Wert diese Karte hat? Ich will dir noch verraten, dass die Karten so geordnet sind, dass jedes Tripel von drei benachbarten Karten zusammen den Wert 18 hat.» Mir liegen solche Knobeleien nicht, aber ich versuchte trotzdem Werners Rätsel zu lösen, allerdings ohne Erfolg.

Wissen Sie, welchen Wert die achte Karte hatte?

24. Der Knoten

Ich habe einen Beruf, der mir Spaß macht, und ich gehe gerne zur Arbeit. Nur dienstagmorgens stehe ich immer mit Widerwillen auf und mache mich schlecht gelaunt auf den Weg in die Firma, denn ab neun Uhr haben wir unsere wöchentliche Gruppenbesprechung. Eigentlich ist diese Besprechung eine gute Einrichtung, denn jeder aus der Gruppe kann erzählen, was es in der vergangenen Woche an Wichtigem gab und welche Termine und Besuche für die kommende Woche anstehen. Leider sieht es jedoch so aus, dass jeder reihum ganz kurz erzählt, was er zu sagen hat, und anschließend unser Chef einen zwei- bis dreistündigen Monolog hält. Das wäre auch noch nicht weiter tragisch, wenn er wenigstens etwas Interessantes zu berichten hätte, doch leider redet er nur, ohne wirklich etwas zu erzählen. Und das ist für jeden Zuhörer schrecklich ermüdend!

Am letzten Dienstag konnte unser Chef wieder einmal kein Ende finden, und ich war nicht der Einzige, der sich fürchterlich langweilte. Ich beobachtete, wie mein Kollege Helmut ein Blatt von seinem Block riss und einen schmalen Streifen entlang der Längsseite des Blattes immer wieder nach vorne und nach hinten knickte. Schließlich riss er vorsichtig den Streifen vom Blatt ab. Nachdem er eine Zeit lang planlos mit dem Papierstreifen gespielt hatte, machte er einen Knoten hinein und drückte ihn anschließend sorgfältig flach. Ich war überrascht: Der Knoten hatte die Form eines regelmäßigen Fünfecks. Damit hatte ich nicht gerechnet. Interessiert wartete ich, was Helmut nun mit dem geknoteten Streifen anstellen würde. Einige Minuten drehte er ihn nur zwischen den Fingern und starrte dabei aus dem Fenster. Dann begann er, die über den Knoten hinausragenden Enden des Papierstreifens mehrfach nach hinten und vorne zu knicken und schließlich abzutrennen. Am Ende hielt er ein perfektes regelmäßiges Fünfeck aus Papier in den Händen. Achtlos warf er es auf den Tisch. Ich beugte mich zu Helmut hinüber und flüsterte: «Darf ich das Fünfeck haben?» Er gab es mir, und ich faltete es vorsichtig auseinander.

Vor mir lag nun ein langgestrecktes Parallelogramm. Ich nahm ein Lineal aus meiner Schreibmappe und maß die Breite des Papierstreifens. Es waren genau 3 cm. Danach maß ich die Seiten des Parallelogramms. Dabei erhielt ich jedoch keine glatten Zahlen, sodass ich versuchte, die Seitenlängen zu berechnen. Es gelang mir jedoch nicht mehr, zu einem Ergebnis zu kommen, denn inzwischen hatte unser Chef seinen Monolog beendet.

Wissen Sie, wie groß die kurzen und die langen Parallelogrammseiten waren?

25. Palindrome

Über Ostern war ich mit meiner Familie bei meinem Bruder in Osnabrück. Am Ostersonntagabend hatten wir Erwachsenen es uns gerade mit einer Flasche Wein im Wohnzimmer gemütlich gemacht, als Anna, die älteste Tochter meines Bruders, ins Zimmer gestürmt kam.

«Schaut euch das einmal an!», rief sie und wedelte mit einem Zehneuroschein. «Wisst ihr, was dieser Geldschein und mein Name gemeinsam haben?» Ich nahm den Schein und sah ihn mir genau an. Aber wie ich ihn auch drehte und wendete, ich konnte beim besten Willen nichts entdecken, was in einem Zusammenhang mit dem Namen Anna stand. «Gib mir mal den Schein», sagte mein Bruder. Ich gab ihn ihm, und er warf einen kurzen Blick darauf. «Die Nummer des Scheins ist ein Palindrom, genau wie dein Name», stellte er fest. «Beide kann man von links nach rechts und auch von rechts nach links lesen, ohne dass sich bei dem Namen der Sinn oder bei der Zahl der Wert ändert.» «Das stimmt. Aber wie bist du so schnell darauf gekommen?», staunte meine Nichte. «Ich weiß doch, dass du dich in letzter Zeit für Zahlen- und Buchstabenrätsel interessierst. Da war es dann nicht mehr schwer, auf die Lösung zu kommen», antwortete mein Bruder. Ich nahm mir den Geldschein. Er hatte die elfstellige Nummer 19552025591. Anna und mein Bruder hatten Recht: Die Zahl änderte ihren Wert nicht, wenn man sie statt wie gewöhnlich von links nach rechts von rechts nach links las.

«Sag mal, Anna, findet man eigentlich häufig Zahlen, die Palindrome sind?», wollte meine Frau wissen. «Na klar!», antwortete sie. «Ich bin im November geboren. Dieser Monat hat die Nummer 11. Und zu meinem Geburtstag bekam ich insgesamt 88 Euro geschenkt. Oder denk an unsere Hausnummer: 121 ist auch ein Palindrom. Du kannst noch viele Beispiele finden.»

Ich musste wieder an die elfstellige Nummer auf dem Zehneuroschein denken. «Weißt du, wie viele elfstellige Palindrome es gibt?», fragte ich. «Hm», meinte Anna. «Da muss ich erst alle elfstelligen Zahlen durchprobieren. Das kann ich dir nicht so schnell sagen.» Mein Bruder schmunzelte. «Es geht auch einfacher. Ich kann es sogar im Kopf berechnen.» Er nannte eine Zahl. Wir glaubten ihm zunächst nicht, aber als er es uns erklärte, sahen wir, dass er Recht hatte.

Wissen Sie, wie viele elfstellige Palindrome es gibt? Zahlen, die mit einer Null beginnen, zählen selbstverständlich nicht mit.

26. Die beiden Zechbrüder

Kurt und Karl sind zwei Junggesellen, die jeder bei uns im Ort als große Zechbrüder kennt.

Vor einiger Zeit trafen sich die beiden zufällig vor der «Klosterschänke» in Frenswegen. «Hallo Kurt! Wie geht's dir?», rief Karl. «Gut, außer dass ich einen schrecklichen Durst habe. Komm, wir trinken auf das Wiedersehen ein Glas Bier.» Die beiden gingen in die «Klosterschänke» und bestellten ihr Bier. Es blieb nicht bei dem einen Glas. Kurt und Karl zechten munter drauflos und hatten schon bald einen ziemlichen Schwips.

Um zehn Uhr kam der Wirt zu den beiden an den Tisch. «Ich möchte schließen. Euer Bier könnt ihr noch austrinken, aber dann ist Schluss.» Kurt und Karl murrten zwar, aber was blieb ihnen anderes übrig: Sie tranken ihr Glas aus, bezahlten und gingen hinaus.

«Was machen wir jetzt?», fragte Kurt. «Hier gibt's nichts mehr zu trinken, und ich habe immer noch Durst.» «Ich habe auch noch keine Lust, nach Hause zu gehen», meinte Karl. Die beiden überlegten eine Zeit lang. «Wie wär's, wenn wir zum ‹Schmiedehof› nach Schmithof gingen? Der Wirt schließt nicht vor Mitternacht», schlug Karl am Ende vor. Kurt war von der Idee nicht so recht begeistert. «Es ist ziemlich weit bis nach Schmithof. Wie sollen wir da denn hinkommen?» «Es sind nur zehn Kilometer, und ich habe mein Fahrrad dabei. Wir können immer abwechselnd fahren.» Kurt zögerte noch ein wenig, aber schließlich siegte der Durst.

Beide Zechbrüder starteten gleichzeitig, Kurt mit dem Rad und Karl zu Fuß. Kurt fuhr ein Stück, stellte dann das Rad an einem Baum ab und ging zu Fuß weiter. Karl, der natürlich zu Fuß wesentlich langsamer war als Kurt, kam nach einiger Zeit zu dem abgestellten Rad. Er bestieg es und fuhr los. Nach einigen Minuten überholte er Kurt. Er fuhr noch ein Stückchen weiter, stieg dann ab, lehnte das Fahrrad an einen Baum und ging zu Fuß weiter. Nach kurzer Zeit gelangte Karl zu dem Rad und fuhr nun wieder ein Stück damit, bevor er es erneut abstellte. Nach diesem Schema, dass sie immer abwechselnd fuhren und gingen, legten die beiden den ganzen Weg von Frenswegen nach Schmithof zurück und gelangten am Ende gleichzeitig im «Schmiedehof» an.

Angenommen, Karl hätte als Fußgänger eine Geschwindigkeit von 4 km/h und als Radfahrer von 10 km/h, und Kurt wäre zu Fuß 5 km/h und mit dem Rad auch 10 km/h schnell, wie lange hätten die beiden Zechbrüder dann für den Weg von der «Klosterschänke» zum «Schmiedehof» gebraucht?

27. Die Wanderung

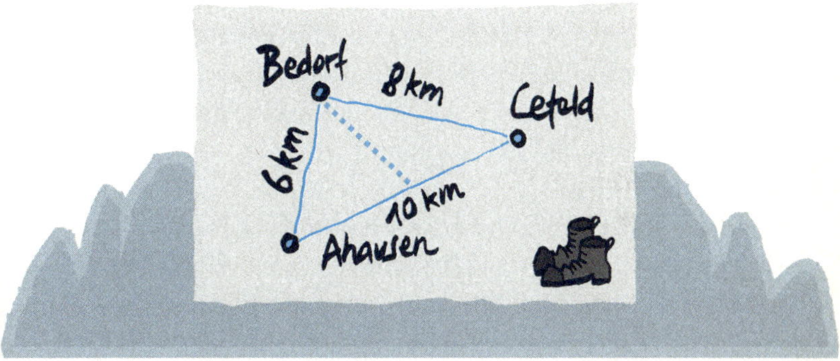

Am Sonntag war herrliches Wetter, und meine Frau schlug beim Frühstück vor, den schönen Tag zu nutzen und wandern zu gehen. Unsere Kinder waren von der Idee begeistert, und auch mir, obwohl ich normalerweise lieber im Garten sitze, gefiel sie ganz gut. Also kramten wir unsere Wanderkarten hervor und suchten uns eine schöne Strecke heraus. Wir wollten mit dem Auto nach Ahausen fahren und von dort über Bedorf nach Cefeld wandern. Von Cefeld aus sollte es dann zurück nach Ahausen gehen.

Um elf Uhr morgens waren wir in Ahausen und stellten unseren Wagen auf dem Marktplatz ab. Wir schnallten uns unsere Rucksäcke auf den Rücken und gingen los. Der Weg nach Bedorf führte durch einen schönen Wald, und es ging die ganze Zeit leicht bergauf. Hungrig und etwas erschöpft kamen wir um die Mittagszeit in Bedorf an. In dem verschlafenen Ort war kaum ein Mensch zu sehen, und wir setzten uns auf den Rand des Dorfbrunnens und verzehrten unser Mittagessen, das wir in den Rucksäcken mitgebracht hatten.

Als wir schon eine Stunde in der Sonne gesessen hatten, fragte Christina: «Wollen wir wirklich noch ganz bis nach Cefeld gehen?» «Natürlich!», meinte ich. «Wir haben uns doch die Strecke gemeinsam ausgesucht.» «Ich habe keine allzu große Lust mehr, die weite Strecke zu laufen. Können wir uns nicht einen kürzeren Weg aussuchen?», sagte meine Frau. «Bitte, Papi!», bettelten Sarah und Matthias. Mir war eine Abkürzung auch ganz lieb, trotzdem sagte ich: «Ich würde gerne noch bis Cefeld wandern, aber da ihr vier anderer Meinung seid, bin ich wohl überstimmt. Lasst uns einmal auf die Karte schauen!»

Gemeinsam studierten wir unsere Wanderkarte und fanden die Strecke, die von Bedorf aus auf den Weg zulief, der von Cefeld nach Ahausen ging, und der ihn genau auf halber Strecke zwischen den beiden Orten traf. Wir entschieden uns, diese Strecke zu nehmen, und machten uns auf den Weg.

Schließlich kamen wir am späten Nachmittag müde, aber zufrieden wieder bei unserem Auto an. «Ich möchte gerne wissen, wie viele Kilometer wir eigentlich gelaufen sind», meinte meine Frau. «Zu Hause werde ich es auf der Karte nachmessen», sagte ich, aber dann fiel mir ein, dass man es auch aus den Angaben meiner Wanderskizze, die ich mir gemacht hatte, errechnen könnte.

Wissen Sie, wie viele Kilometer ich mit meiner Familie gewandert war? Sie dürfen dazu annehmen, dass alle Wege schnurgerade waren.

28. Das schwarzhaarige Mädchen

Ich hatte mich mit einigen Freunden aus meiner Studentenzeit in einem Café in unserer alten Universitätsstadt verabredet. Es war ein warmer Tag, und die Kellner hatten einige Tische und Stühle auf den Bürgersteig vor dem Café gestellt. Wir setzten uns nach draußen und tranken unseren Kaffee an der frischen Luft.

Bei dem schönen Wetter waren viele Menschen unterwegs. Heiner, Ludger und ich sahen den Passanten nach, und schon bald schweiften unsere Gespräche von den gemeinsamen Erinnerungen und Bekannten ab zu Kommentaren, Mutmaßungen und ironischen Bemerkungen über die Vorübergehenden.

Als ein hübsches Mädchen an unserem Tisch vorbeischlenderte, verfolgten wir es alle drei mit unseren Blicken. «Lange, schwarze Haare: Das ist genau nach meinem Geschmack!», meinte Heiner. «Wie alt schätzt ihr sie?» «Ich glaube, sie ist 23 Jahre alt», sagte ich. «Nein, sie ist jünger», meinte Ludger. «Ich schätze sie auf 22 Jahre.» Heiner schüttelte den Kopf. «Ich glaube, ihr irrt euch beide. Sie ist älter, als sie aussieht. Ich tippe auf 26 Jahre.» Leider konnten wir nicht feststellen, wer von uns dreien richtig geraten hatte, denn es traute sich keiner, dem Mädchen nachzulaufen und es nach seinem Alter zu fragen.

Einige Wochen später war ich zu einer Party bei einem Arbeitskollegen eingeladen. Unter den vielen Gästen war auch das hübsche junge Mädchen, das ich sofort an seinen langen, schwarzen Haaren wiedererkannte. Ich erinnerte mich an unsere Schätzungen und fragte meinen Arbeitskollegen, ob er wisse, wie alt sie sei. «Theas Alter? Ja, das kann ich dir sagen.» Er nannte mir eine Zahl. Ich war überrascht: Keiner von uns hatte richtig getippt. Einer hatte sich um ein Jahr, einer um zwei Jahre und einer um drei Jahre verschätzt.

Wissen Sie, wie alt das schwarzhaarige Mädchen war?

29. Die Kugel

Als ich am Sonntagmorgen die Lokalzeitung unseres Ortes aufschlug, sprang mir eine in großen Lettern gedruckte Überschrift ins Auge: «Heute Eröffnung der Ausstellung des bekannten Künstlers Ambrosius Meier im Foyer des Gemeindehauses.» Da das Wetter schlecht war und wir deshalb unseren Ausflug verschieben mussten, überredete ich meine Frau, mit mir zu der Vernissage zu gehen.

Wir waren die letzten Gäste, die sich in das Gemeindehaus drängten. Alle, die Rang und Namen hatten in unserem Ort, waren da; selbst der Schützenverein hatte eine Abordnung geschickt. Herr Bredol, ein Lehrer unserer Schule, hielt die Eröffnungsrede, in der er Ambrosius Meier mit Picasso verglich. Als Herr Bredol geendet hatte, trat der Künstler selbst an das Rednerpult. Er entsprach genau dem Klischee, das ich von Künstlern hatte: Unter dem breitkrempigen, schwarzen Hut, der schief auf seinem Kopf saß, sah man lange Haare und einen langen Bart. Dazu trug er ein kittelartiges, grell buntes Hemd und eine türkische Pumphose. Seine Rede kam mir ziemlich verworren vor, und ich begriff kein Wort davon. Schließlich war auch er fertig, und wir konnten endlich seine Werke besichtigen.

Ambrosius Meier war anscheinend ein Freund strenger Formen, und ich fühlte mich in den Geometrieunterricht meiner Schulzeit zurückversetzt. Überall standen bunte, schwarze, weiße, gestreifte, karierte und gepunktete Würfel, Kugeln, Pyramiden und Kegel herum. Meine Frau und ich betrachteten gerade eine weiße Marmorkugel, als uns eine Stimme von hinten ansprach: «Diese Kugel symbolisiert die Einheit von Form und Zahl.» Wir drehten uns um. Vor uns stand Ambrosius Meier. Er hob nun zu einem wortreichen Vortrag an über die künstlerische Aussage seiner Marmorkugel und ging schließlich erhobenen Hauptes davon.

«Hast du etwas begriffen?», fragte mich meine Frau. «Wenn ich ihn richtig verstanden habe, so sind die Oberfläche und das Volumen der Kugel ganzzahlige Vielfache von π in Quadratzentimetern bzw. Kubikzentimetern», antwortete ich. «Und diese Vielfachen von π sind beide vierstellige Zahlen», ergänzte meine Frau. «Und dann hat er noch gesagt, dass der Radius der Kugel ein ganzzahliges Vielfaches von einem Zentimeter ist», erinnerte ich mich. «Aber welchen Wert er hat, habe ich nicht behalten.»

Wissen Sie, welchen Radius die Kugel hatte?

30. Der Knick im Geldschein

Ich hatte mich nach dem Abendbrot mit meiner Zeitung ins Wohnzimmer gesetzt und studierte die Sportergebnisse, als meine älteste Tochter ins Zimmer kam. Ich merkte sofort, dass sie irgendetwas von mir wollte, und beobachtete sie über den Rand der Zeitung hinweg. Sie druckste ein wenig herum, konnte aber keinen Anfang finden. Ich wollte ihr helfen und fragte: «Na, Christina, wie läuft's in der Schule?» Meine Tochter war nicht gerade eine Musterschülerin, ganz im Gegenteil, sie war sogar sehr faul. Das schlug sich natürlich in ihren Noten nieder, besonders in Mathematik waren sie immer schlecht. Deshalb hatte ich vermutet, sie wollte mir wieder das Ergebnis einer völlig misslungenen Klausur gestehen. Aber das war diesmal nicht der Fall.

«Ganz gut! Ich habe die letzten Klausuren alle bestanden», antwortete Christina. «Das freut mich», sagte ich und tat so, als ob ich mich wieder in meine Zeitung vertiefen wollte.

«Du, Papi», fing Christina zögernd an. «Im Kaufhaus gibt es tolle Walkmen zum Sonderpreis. Stella und Linda haben sich schon einen gekauft.» «Hm», brummte ich, ohne von meiner Zeitung aufzusehen. «Ich würde mir auch gerne einen solchen Walkman kaufen. Der Sound ist wirklich super», erklärte mir meine Tochter. «Wenn dein Taschengeld dafür reicht, habe ich nichts dagegen», erwiderte ich. «Das ist ja das Problem», meinte Christina etwas verlegen. «Mir fehlen noch fünfzig Euro. Und ich habe gedacht, du könntest sie mir vielleicht geben.» «Du möchtest also einen Kredit bei mir aufnehmen?», fragte ich sie. «Nein, eigentlich nicht», war ihre Antwort. «Ich hatte gehofft, du würdest mir das Geld so geben. Selbstverständlich darfst du dann den Walkman auch mal benutzen.»

Ich hatte eigentlich nichts dagegen, meiner Tochter das Geld zu schenken, und ich sah eine gute Gelegenheit, sie zu einer Geometrieübung zu bewegen. Deshalb nahm ich einen 50-Euro-Schein aus meinem Portemonnaie und faltete ihn so, dass die linke obere Ecke genau auf die rechte untere Ecke zu liegen kam. Dann machte ich meiner Tochter folgendes Angebot: «Ein 50-Euro-Schein ist 140 Millimeter lang und 77 Millimeter breit. Wenn du es schaffst, innerhalb von fünf Minuten zu berechnen, wie lang die Knicklinie auf diesem Schein ist, darfst du ihn behalten, wenn nicht, hast du Pech gehabt.»

Christina brauchte vier Minuten, um sich das Geld zu verdienen. Können Sie das Problem auch lösen?

31. Celsius und Fahrenheit

Mein kleiner Bruder Hans-Jürgen war zurück aus Amerika. Ein Jahr hatte er dort studiert, und nun war die ganze Familie zusammengekommen, um ihn wieder in der Heimat zu begrüßen und um etwas über seine Erlebnisse in Amerika zu hören.

«Ist denn in Amerika wirklich alles so anders als hier bei uns?», wollte mein Vater wissen. «Ich kann mir zwar vorstellen, dass in Indien, Kenia oder Arabien das Leben nach völlig anderen Regeln abläuft, aber in den USA dürfte es doch keine großen Unterschiede zu Deutschland geben.»

«Wenn du Amerika mit diesen Ländern vergleichst, hast du natürlich Recht», erwiderte Hans-Jürgen, «aber nur an Europa gemessen, ist doch einiges anders. Sehr ungewohnt ist zum Beispiel, dass die Amerikaner nicht unser metrisches Maßsystem benutzen.»

«Was meinst du damit?», fragte meine Mutter.

«Nun, beispielsweise werden Entfernungen nicht in Kilometern, sondern in Meilen angegeben und Gewichte nicht in Kilogramm, sondern in Pfund, und dieses Pfund unterscheidet sich auch noch vom deutschen Pfund. Man kennt auch keine Liter, sondern nur Gallonen. Am problematischsten sind jedoch Temperaturen. In Amerika misst man sie in Grad Fahrenheit, in Europa in Grad Celsius. Und um von einer Einheit in die andere umzurechnen, muss man nicht nur mit einem Faktor malnehmen, sondern auch noch eine Zahl addieren. Genauer gesagt: Um eine Celsiustemperatur in Fahrenheit umzurechnen, muss man den Wert mit 9/5 multiplizieren und zu dem Produkt anschließend 32 ° addieren. So entspricht beispielsweise eine Temperatur von 0 °C gerade 32 °F, und 100 °C sind 212 °F.»

Meine Frau schmunzelte. «Aber die Umrechnung ist doch sehr einfach. Man hat eine Temperatur in Fahrenheit, zum Beispiel diese.» Sie schrieb eine dreistellige Zahl auf ein Blatt Papier. «Jetzt streicht man nur die erste Ziffer fort und hängt sie dafür wieder an das Ende der Zahl, und schon hat man die Temperatur in Celsius.» Ich konnte es nicht glauben und überprüfte das Ergebnis mit der herkömmlichen Methode. Tatsächlich, es stimmte. Trotzdem war ich noch nicht von diesem einfachen Verfahren überzeugt, zumal meine Frau sich ein breites Grinsen nicht verkneifen konnte. Ich probierte die Methode nun mit anderen Temperaturen aus. Aber welche Zahlen ich auch wählte, es kam in keinem Fall das richtige Ergebnis heraus. Anscheinend hatte meine Frau die einzige dreistellige Zahl genommen, bei der diese ungewöhnliche Umrechnungsmethode funktioniert.

Wissen Sie, welche dreistellige Fahrenheittemperatur meine Frau auf das Blatt Papier geschrieben hatte?

32. Der Rechenkünstler

Ich war mit einem Arbeitskollegen für ein paar Tage nach Köln gefahren, wo wir geschäftlich zu tun hatten.

Am Abend bummelten wir unschlüssig durch die Altstadt. Da wir häufig in Köln gewesen waren, hatten wir schon alle berühmten Kirchen und Museen mehrmals besucht. Auch zu einem Kinobesuch hatten wir nicht die rechte Lust.

Als wir in die Nähe des Doms kamen, fiel uns im Fenster einer Kneipe ein Schild auf: «Heute Abend: Vorstellung des großen Rechenkünstlers Alfred Riese. Eintritt frei!» «Wie wär's?», fragte Helmut. «Wollen wir uns das einmal ansehen?» Ich hatte nichts dagegen.

So betraten wir die Kneipe und fanden an einem Ecktisch noch zwei freie Plätze. Die Vorstellung hatte bereits begonnen. Auf einem erhöhten Podium saß ein etwa fünfzigjähriger Mann. Das musste Alfred Riese sein. In einer Ecke war ein Computer aufgebaut, der einen Projektionsbildschirm hatte, sodass die Zuschauer die Computerberechnungen mitverfolgen konnten. Die Gäste konnten komplizierte Rechenaufgaben stellen, die Alfred Riese dann im Kopf löste.

«Wie viel ist 5111955 mal 20041989?», fragte eine Zuschauerin. Der Rechenkünstler lehnte sich zurück, schloss die Augen und sagte dann nach etwa zwanzig Sekunden: Die Ziffern des Ergebnisses lauten 1, 0, 2, 4, 5, 3, 7, 4, 5, 8, 7, 8, 4, 9 und 5.» Nun überprüften zwei junge Männer, offensichtlich Assistenten des Rechenkünstlers, das Ergebnis mit dem Computer, und wie alle sehen konnten, war es tatsächlich richtig.

Die Zuschauer klatschten, und dann forderte jemand Alfred Riese auf: «Berechnen Sie bitte 7^{77}!» Nach einem kurzen Moment sagte der Rechenkünstler: «Würden Sie bitte die Zahl noch einmal wiederholen?» «Er versucht, Zeit zu gewinnen», flüsterte mir Helmut zu. Aber auch diesmal kam die Antwort nach etwa einer halben Minute. Alfred Riese nannte eine sehr lange Zahl.

«Er hat sich vertan. Das Ergebnis stimmt nicht», sagte Helmut leise. Einen Moment später waren auch die beiden Assistenten mit ihrem Computer so weit. «Herr Riese hat sich leider verrechnet», verkündete einer der beiden.

Ich war verblüfft. «Sag mal, woher wusstest du so schnell, dass das Ergebnis falsch war? Hast du diese Riesenzahl jetzt im Kopf berechnet?», fragte ich Helmut. Er lachte und sagte: «Nein, ich habe nur die letzten beiden Stellen der Zahl bestimmt, und die waren bei Rieses Ergebnis anders. Es war also ganz einfach.» Das fand ich gar nicht, denn ich hatte nicht die geringste Ahnung, wie man die Endziffern eines solchen Ausdrucks errechnet.

Wissen Sie, wie die beiden letzten Ziffern von 7^{77} lauten?

33. Der Dorfanger

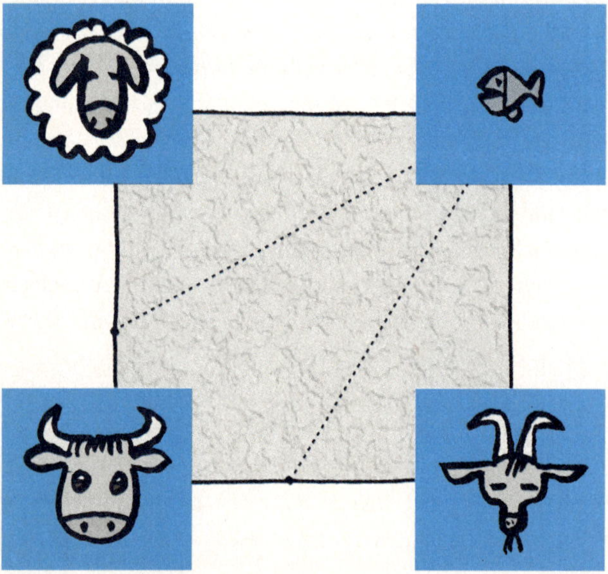

Die Sitzung unserer Dorfältesten war fast zu Ende, als sich der alte Bauer Bechtel noch einmal zu Wort meldete. «Da gibt es noch ein Problem mit unserem neuen Dorfanger. Es sollen gleichzeitig Rinder, Schafe und Ziegen darauf weiden. Wir sollten ihn deshalb durch zusätzliche Zäune in drei einzelne Weiden teilen.» Ein zustimmendes Murmeln ging durch den Raum. «Ich glaube, die meisten von uns sind damit einverstanden», sagte der Bürgermeister. Man stimmte über Bauer Bechtels Vorschlag ab und nahm ihn an.

«Um von vornherein Ärger zu vermeiden, sollten wir die drei Weiden gleich groß machen», schlug Bauer Ronda vor. «Das ist bestimmt das Klügste», meinte der alte Bechtel. «Da unser Anger quadratisch ist, können wir ihn in drei gleich große, rechteckige, nebeneinander liegende Weiden unterteilen.» «Das wird nicht gehen», warf Herr Bredol, einer der Lehrer unseres Ortes, ein. «Der kleine Tümpel, der als Viehtränke dient, liegt in der Nordostecke des Angers. Wenn wir also den Anger in Rechtecke unterteilen, haben die Tiere auf zwei der Weiden kein Wasser.»

Nun überlegte man hin und her, wie man das Problem lösen könnte, bis schließlich der Lehrer den Vorschlag machte, einen Zaun von der Nordostecke des Angers zur Westseite und einen zweiten von der Nordostecke zur Südseite zu ziehen. Wenn man es richtig machte, würden alle drei Weiden gleich groß sein und Zugang zum Tümpel haben. Alle waren mit dem Vorschlag einverstanden, und man beschloss, für die kommende Woche zwei Arbeiter zu beauftragen, die beiden Zäune zu ziehen.

«Wie viele Meter Zaun müssen wir eigentlich bestellen?», fragte Bauer Ronda. «Nun ja», meinte der Bürgermeister, um dessen Geometriekenntnisse es nicht besonders gut bestellt war, etwas ratlos. «Wie lang ist denn der äußere Zaun?» «1200 Meter», bekam er zur Antwort. «Dann bestellen wir jetzt auch einfach wieder 1200 Meter Zaun. Das wird schon reichen», schlug er vor. «Und wenn es nicht reicht? Es wäre schon gut, wenn wir es etwas genauer wüssten», gab der alte Bechtel zu bedenken. Nun schauten alle zum Lehrer, der schließlich nach kurzem Überlegen sagte: «So schwer ist die Aufgabe nicht. Ich werde einen Zaun der genau passenden Länge bestellen.» Damit waren unsere Dorfältesten einverstanden, und die Sitzung wurde beendet.

Wissen auch Sie, wie viele Meter Zaun der Lehrer bestellen musste?

34. Die Nougateier

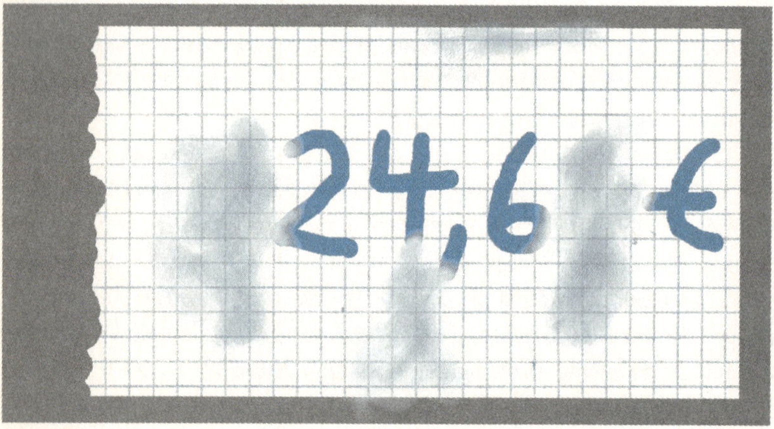

Ostern stand vor der Tür, und bei uns zu Hause sollte ein großes Familientreffen stattfinden, bei dem meine Geschwister und die meiner Frau mit ihren Kindern kommen wollten. Schon seit Tagen arbeiteten wir auf das Ereignis hin. Das Haus wurde geputzt und der Garten geharkt, meine Frau bereitete Berge von Essen vor, und ich war Abend für Abend damit beschäftigt, Eier anzumalen.

Am Ostersamstag, kurz vor Geschäftsschluss, fiel meiner Frau noch etwas ein. «Kannst du noch einmal zum Konditor gehen? Ich möchte den Kindern morgen einige Nougateier schenken und habe vergessen, sie zu kaufen.» Ich war froh, endlich mit meiner Arbeit fertig zu sein, und hatte gar keine Lust, jetzt noch einmal einkaufen zu gehen, trotzdem zog ich etwas mürrisch meine Jacke an. «Wie viele Eier soll ich denn kaufen?», fragte ich. Meine Frau zählte in Gedanken die Kinder durch und sagte dann: «Bring 72 Eier mit, dann müssten für jeden genug da sein. Und achte darauf, dass die Eier alle gleich sind, sonst gibt es morgen Streitereien.»

Gehorsam machte ich mich trotz des schlechten Wetters auf den Weg. Beim Konditor hatte ich Glück. Er wollte zwar gerade sein Geschäft schließen, aber ich bekam noch meine 72 Nougateier.

Als ich zu Hause meiner Frau die Tüte mit den Eiern in die Hand drückte, fragte sie mich: «Was haben denn die Eier gekostet?» Ich habe ein sehr schlechtes Gedächtnis für Zahlen und konnte mich beim besten Willen nicht mehr daran erinnern, wie viel ich bezahlt hatte. Da fiel mir ein, dass der Konditor mir einen kleinen Zettel mit dem Preis gegeben hatte. Ich kramte in meiner Jackentasche und fand ihn auch. Leider hatte der Konditor zum Schreiben einen Füller benutzt, und auf dem Heimweg waren ein paar Regentropfen auf den Zettel gefallen. Dadurch war die Tinte an einigen Stellen verlaufen, und man konnte die erste und die letzte Ziffer nicht mehr lesen. Es waren nur noch die Ziffern 246 übrig. «Es tut mir Leid», sagte ich und gab meiner Frau den Zettel. Sie warf einen kurzen Blick darauf und meinte: «Das macht nichts. Aus den restlichen Ziffern kann ich den Preis pro Nougatei schon ausrechnen.»

Können Sie es auch?

35. Der Garten

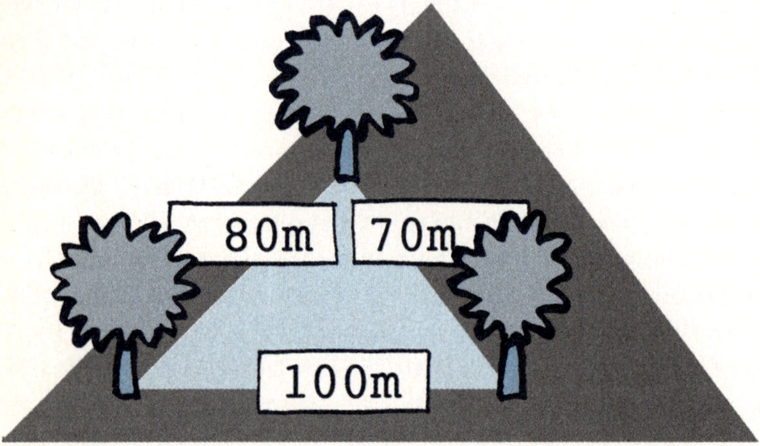

Mein Nachbar Meister Blume rieb sich die Hände. Der alte Direktor Taler hatte ihn zu sich bestellt, und das bedeutete immer einen großen Auftrag für seine Gärtnerei. «Damit ist mein Urlaub finanziert», meinte er zu mir.

Gut gelaunt betrat er das teuer eingerichtete Arbeitszimmer in der Villa Taler. «Womit kann ich Ihnen dienen, Herr Taler?», fragte er. «Nehmen Sie erst einmal Platz, Meister Blume.» Der alte Taler deutete auf einen Stuhl vor seinem Schreibtisch. «Ich möchte, dass Sie meinen Garten neu gestalten, und ich habe da schon einige Vorstellungen, wie er nachher aussehen soll.» Direktor Taler nahm eine Zeichnung aus seinem Schreibtisch und schob sie dem Gärtner hin. «Sehen Sie, in meinem Garten stehen drei Bäume, eine Eiche, eine Buche und eine Linde. Ich habe sie zu den Geburten meiner drei Kinder gepflanzt. Und diese Bäume sollen das Gartenbild beherrschen. Darum möchte ich, dass Sie drei kreisförmige Rasenflächen anlegen, die einander berühren, und in deren Mittelpunkten die Bäume stehen. Den Rest des Gartens können Sie mit Blumen und Sträuchern bepflanzen.» Meister Blume kratzte sich am Kopf und starrte auf die Zeichnung. Die drei Bäume waren voneinander 70, 80 und 100 Meter entfernt. Geometrie war nicht gerade seine starke Seite, und er meinte nachdenklich: «Tja, ich weiß nicht so recht, ob das geht.» Der alte Taler brauste auf. «Hören Sie, Meister Blume, ich zahle Ihnen viel Geld für Ihre Arbeit, und ich will meinen Garten so haben, wie ich ihn mir vorstelle, und deshalb wird es auch gehen!» Etwas kleinlaut sagte mein Nachbar, dass er es versuchen wolle, und verabschiedete sich.

Zu Hause schloss er sich in sein Büro ein und brütete stundenlang über Direktor Talers Zeichnung, ohne der Lösung auch nur einen Schritt näher zu kommen. Schließlich kramte er seinen alten Schulzirkel hervor und versuchte das Problem durch Ausprobieren zu lösen, aber ohne Erfolg. Er wollte gerade aufgeben und bei dem alten Taler anrufen, als sein Lehrling ins Büro kam. «Sie sehen ja so griesgrämig aus, Meister. Was ist passiert?» Mein Nachbar erklärte ihm seine Sorgen, und der Lehrling meinte: «Kein Problem, Meister!» Er setzte sich an den Schreibtisch, fing an zu rechnen und gab seinem Chef nach wenigen Minuten einen Zettel, auf dem drei Zahlen standen. «Bitte schön, das ist die Lösung!»

Können auch Sie Meister Blumes Problem knacken? Wie groß ist der Durchmesser des größten der drei Rasenkreise?

36. Das Erbe des Weinhändlers

In unserem Ort gab es eine kleine Weinhandlung, die von einem alten Witwer betrieben wurde. Seine drei erwachsenen Söhne wohnten zwar mit im Haus, aber sie gingen anderen Berufen nach und halfen nur gelegentlich im Geschäft ihres Vaters aus.

Vor einiger Zeit starb der alte Weinhändler, und er war kaum begraben, als der Streit um das Erbe schon begann. Er war kein reicher Mann gewesen und hatte seinen drei Söhnen außer ein paar hundert Euro nur einundzwanzig Weinfässer hinterlassen.

Über die Aufteilung des Geldes waren sich die drei schnell einig, aber die Weinfässer führten zu stundenlangen und hitzigen Streitereien unter den Brüdern. Das Problem war, dass sieben Fässer voll, sieben halb voll und sieben leer waren. Jeder der drei forderte die sieben vollen Fässer für sich und wusste auch gute Gründe dafür. «Ich bin der Älteste und habe am häufigsten in Vaters Weinhandlung gearbeitet. Deshalb stehen sie mir zu», sagte Adam. «Nein! Ganz im Gegenteil: Weil du am häufigsten arbeiten konntest, hast du auch schon am meisten im Geschäft verdient. Ich hatte am wenigsten Gelegenheit dazu, darum will ich die vollen Fässer haben», argumentierte Benjamin, der Jüngste. «Da ich vielleicht das Geschäft unseres Vaters weiter betreiben möchte, gehören natürlich mir die sieben vollen Fässer und nicht einem von euch», meinte David, der mittlere Bruder.

Und so ging es in einem fort, bis schließlich meine Frau, die zufällig gerade in der Weinhandlung war, eingriff und einen Vorschlag machte: «Warum teilt ihr die Fässer nicht so auf, dass jeder gleich viele Fässer und gleich viel Wein bekommt?»

Obwohl die Brüder nach einigem Nachdenken mit dem Vorschlag einverstanden waren, hatten sie doch noch Einwände. «Sieben volle Fässer kann man nicht in drei gleiche Teile teilen, und genauso wenig sieben halb volle und sieben leere Fässer», sagte Adam. «Wir können den Wein auch nicht zusammenkippen, da in jedem Fass eine andere Sorte ist», ergänzte Benjamin.

«Aber alle Weinsorten haben den gleichen Wert?», wollte meine Frau wissen. Die Brüder bestätigten dies. «Dann kann ich euch sagen, wie ihr den Wein und die Fässer gerecht unter euch aufteilen könnt, ohne dass auch nur ein Tropfen umgefüllt werden muss.» «Versuchen wir es einmal», meinte Adam, und alle gingen in den Weinkeller.

Meine Frau verteilte die Fässer unter den drei Brüdern, wobei sie Benjamin nur ein leeres Fass gab. Als Adam, David und Benjamin anschließend nachrechneten, stellten sie fest, dass sie jeder tatsächlich den gleichen Anteil an Wein und an Fässern bekommen hatten. Damit war der Familienfrieden wieder hergestellt.

Wissen Sie, wie viele volle Weinfässer Adam bekommen hatte?

37. Der Langlaufparcours

Im letzten Winter war ich mit meiner Frau und meinen Kindern für ein Wochenende in der Eifel. Es lag Schnee, und in der Umgebung des Ortes, in dem wir unsere Ferienwohnung hatten, waren einige Loipen für den Skilanglauf gespurt worden.

Den ganzen Samstag über waren wir auf unseren Skiern in den verschneiten Wäldern unterwegs. Den Kindern machte es zu Anfang viel Spaß, und sie liefen weit voran, aber dann wurde es ihnen zu langweilig, und am Nachmittag zogen sie ziemlich lustlos und nörgelig hinter uns her. Deshalb mussten wir uns für den Sonntag etwas anderes überlegen.

Direkt vor dem Ort war auf einer großen freien Fläche ein Langlaufparcours für Kinder aufgebaut worden. Der Parcours war ein geschlossener Rundparcours, der an einem roten Fähnchen, das vor einer Glühweinbude stand, begann und endete. Außer dem roten Fähnchen gab es auf dem Parcours auch noch zehn blaue Fähnchen, und die Loipe bestand aus elf schnurgeraden Abschnitten, die an den Fähnchen abknickten und sich an vielen Stellen auf dem Feld kreuzten. Die Kinder mussten auf ihren Skiern die Runde möglichst schnell fahren, und wer es unter einer bestimmten Zeit schaffte, bekam einen kleinen Preis. Unsere Kinder waren mit Begeisterung dabei, und meine Frau und ich standen am Rand des Feldes und schauten zu. «Papi, noch einmal, bitte», bettelte mein Sohn immer wieder.

Meiner Frau wurde es allmählich zu kalt. Wir ließen die Kinder allein und gingen in ein kleines Café, das auf einem Hügel lag, der sich direkt neben dem Feld erhob. Von dort hatten wir eine herrliche Aussicht, und wir konnten den ganzen Langlaufparcours von oben überblicken. Die Kinder sahen auf den Loipen aus wie Ameisen auf ihren Pfaden. Alles ging sehr geordnet zu, nur an den Kreuzungspunkten gab es gelegentlich kleine Zusammenstöße und Stauungen.

«Man hätte den Parcours auch so anlegen können, dass es nicht so viele Schnittpunkte gegeben hätte», sagte ich zu meiner Frau. «Du hast auch an allem etwas auszusetzen», erwiderte sie. Ich nahm mir einen Bierdeckel, zeichnete den Parcours auf die Rückseite und begann zu rechnen.

Nach zwanzig Minuten und drei Tassen Kaffee hatte ich das Ergebnis. «Ich habe es mir doch gedacht!», triumphierte ich. «Die haben die Loipen so gespurt, dass sie die größtmögliche Anzahl an Kreuzungen erreicht haben. Da muss es ja irgendwann zu ernsteren Unfällen kommen. Was schätzt du, wie viele Schnittpunkte es sind?» Meine Frau zuckte nur mit den Schultern.

Wissen Sie, wie oft eine geschlossene Kurve, die aus elf geraden Abschnitten besteht, sich selbst schneiden kann?

38. Die Weinkiste

Am Freitagnachmittag machte ich mich mit meinem Fahrrad auf den Weg in die Stadt, um Wein zu besorgen. «Es freut mich, dass Sie auch einmal wieder bei uns hereinschauen», begrüßte mich mein Weinhändler, bei dem ich immer einkaufe. «Was kann ich für Sie tun?»

Ich hatte mir vor einigen Jahren für den Gepäckträger meines Fahrrads eine Holzkiste gezimmert, die ich zum Weinkaufen benutze. Sie ist so bemessen, dass die Flaschen fest in der Kiste stecken und nicht beim Fahren aneinander klirren, wenn in jeder Reihe gleich viele Flaschen stehen und auch in jeder Spalte die Anzahl gleich ist. Diese Kiste gab ich dem Weinhändler und sagte: «Das Gleiche wie immer: Isterberger Klippentropfen, Jahrgang 92. Stellen Sie die Flaschen gleich in die Kiste.» Der Mann verschwand hinter einem Vorhang und tauchte kurz darauf mit der gefüllten Kiste wieder auf, die er ächzend vor mir auf den Ladentresen stellte.

Ich bezahlte und wollte gerade gehen, als er sagte: «Wir haben gestern eine neue Sorte hereinbekommen: Einen ausgezeichneten halb trockenen Riesling aus dem Rheingau. Den müssen Sie unbedingt einmal probieren. Als Stammkunden gebe ich Ihnen die Flasche kostenlos mit.» Er stellte mir die Flasche neben meine Kiste.

Ich überlegte, wie ich diese zusätzliche Flasche transportieren sollte: Die Kiste war voll, eine Tasche hatte ich nicht mit, und meine Hände brauchte ich zum Lenken. Ich musste wohl sehr ratlos ausgesehen haben, denn mein Weinhändler fragte mich: «Kann ich Ihnen helfen?» Als ich ihm mein Problem geschildert hatte, sagte er: «Die Kiste ist so mit Flaschen gefüllt, dass sie sich nicht mehr bewegen können, aber sie ist nicht wirklich voll. Wenn man die Flaschen anders anordnet, passt noch eine zusätzlich hinein. Ich werde es Ihnen zeigen.» Er nahm alle Flaschen aus der Kiste heraus und begann sie neu einzusortieren. Jetzt stellte er in jede zweite Reihe eine Flasche weniger, aber ordnete sie so an, dass sie gegenüber der vorherigen Reihe um eine halbe Flasche verschoben war. Und tatsächlich, zu meiner großen

Überraschung passte die Probeflasche nun auch noch hinein. Die Flaschen standen nun zwar nicht mehr unbeweglich in der Kiste, aber mein Weinhändler stopfte ein paar alte Zeitungen dazwischen, sodass sie beim Fahren nicht aneinander klirren konnten.

Während der Heimfahrt ließ ich mir das Problem noch einmal in Ruhe durch den Kopf gehen. Ich stellte fest, dass ich die kleinstmögliche Kiste hatte, in die man durch Umordnen auf eine Weise, wie es mein Weinhändler gemacht hatte, noch eine zusätzliche Flasche unterbringen kann.

Wissen Sie, wie viele Flaschen ich auf meinem Heimweg in meiner Kiste hatte?

39. Der gefälschte Würfel

Seit vielen Jahren treffe ich mich gelegentlich mittwochabends mit zwei ehemaligen Klassenkameraden in unserer Dorfkneipe zum Knobeln. Die Abende laufen immer in der gleichen und gewohnten Form ab. Jeder von uns hat seine eigenen Würfel, mit denen wir immer die gleiche Abfolge von verschiedenen Spielen knobeln. Da Würfeln ein reines Glückspiel ist, bleiben die Siege über die Jahre ungefähr gleich über uns verteilt, und keiner macht größere Verluste oder Gewinne. Vor zwei Monaten trafen wir zufällig vor unserer Kneipe Herbert Meier, der früher auch mit uns zur Schule gegangen war. Wir hatten ihn schon seit Jahren nicht mehr gesehen und luden ihn deshalb ein, mit uns zu knobeln.

Das Spielen mit uns schien ihm gut zu gefallen, und als wir nach Hause gingen, fragte er: «Habt ihr etwas dagegen, wenn ich beim nächsten Mal wieder mitmache?» «Natürlich nicht», antwortete ich. «Wir freuen uns, wenn du kommst.»

In den nächsten Monaten war Herbert jedes Mal mit bei der Runde. Nach einiger Zeit bemerkten wir, dass er bei manchen Spielen wesentlich häufiger gewann als wir anderen drei. Uns kam der Verdacht, dass Herbert betrog und mit einem gefälschten Würfel spielte. Wir vermuteten, sein Würfel hatte nicht die übliche Verteilung der Augenzahlen auf die Würfelflächen, und eventuell standen sogar auf mehreren Flächen die gleichen Zahlen. Wir wollten ihn nicht darauf ansprechen, bevor wir unserer Sache ganz sicher waren, und beschlossen deshalb, seinen Würfel heimlich zu überprüfen.

Am nächsten Knobelabend zog ich mich mit einer Ausrede für einige Minuten vom Tisch zurück und fotografierte heimlich über Herberts Schulter seinen Würfel, während er damit spielte.

In der Abbildung sehen Sie die drei Fotos, die ich gemacht habe. Da man auf jedem Foto immer nur drei Würfelflächen sehen kann, wirken sie ganz harmlos, trotzdem waren wir uns jetzt sicher, dass Herbert betrog. Können Sie feststellen, welche Augenzahl auf dem Würfel im ersten Foto auf der Unterseite, also auf der der Eins gegenüberliegenden Seite steht?

40. Die Zigaretten

Mein Großvater ist schon sehr alt, und er nimmt das Geschehen in seiner Umgebung nicht mehr richtig wahr. Er lebt den größten Teil des Tages in der Vergangenheit. Oft erzählt er von Menschen, die er gerade getroffen und gesprochen haben will, die aber schon seit dreißig Jahren oder länger tot sind, oder er behauptet mit ernster Miene, dass er am nächsten Tag die Schule schwänzen wolle, oder er schimpft, dass man endlich Adenauer als Bundeskanzler ablösen müsse.

Als ich ihn das letzte Mal besuchte, begrüßte er mich mit der Frage: «Na, wie viele Zigarettenkippen hast du gefunden?» Ich wusste nicht, was er mit der Frage meinte, und antwortete leicht irritiert: «Leider keine einzige.» Triumphierend hielt er mir eine kleine Pappschachtel unter die Nase. «175 Kippen! Die habe ich alle heute Vormittag im Stadtpark gesammelt. Mir scheint, es ist heute mein Glückstag.»

Dann erzählte er mir von den hohen Schwarzmarktpreisen und von seiner Fahrt aufs Land hinaus, wo er seine Armbanduhr gegen einen Sack Kartoffeln getauscht hatte. «An dieser Uhr habe ich sehr gehangen, aber irgendwie muss ich ja die hungrigen Mäuler der Familie stopfen.» Langsam wurde mir klar, dass mein Großvater glaubte, noch in den schlechten Nachkriegsjahren zu sein und seine achtköpfige Familie ernähren zu müssen.

«Letzte Woche habe ich von einem Ami zehn Zigaretten geschenkt bekommen. Die konnte ich gegen eine Wurst eintauschen. So gab es seit langem einmal wieder Fleisch auf dem Tisch. Wie kommst du so zurecht?» Ich wusste nicht, ob ich das Spiel mitspielen sollte, und antwortete ausweichend: «Ach, es geht so.»

Mein Großvater kam wieder auf die Zigarettenkippen zu sprechen. «Die hier werde ich nicht zum Tauschen benutzen.» Er schüttelte die Schachtel mit den Kippen. «Ich werde mir etwas Gutes gönnen und sie alle selbst rauchen.» «Wie willst du denn die Kippen rauchen? Sie sind doch viel zu kurz», fragte ich ihn. «Du scheinst ja gar keine Ahnung zu haben. Kein Wunder, dass du nicht zurechtkommst.» Dann erklärte er mir: «Ich pule die Kippen auseinander und kann dann aus dem Tabak von jeweils vier Kippen eine neue Zigarette drehen.» Er machte es mir vor. «Siehst du, es ist ganz einfach.»

Ich überlegte, wie viele Zigaretten mein Großvater nun von den 175 Kippen rauchen konnte, und war überrascht über die hohe Zahl.

Wissen auch Sie, wie viele Zigaretten es sind?

41. Die Schwäger

Ich wollte gerade die Wohnung verlassen, als es an der Haustür klingelte. Ich öffnete, und zu meiner großen Überraschung stand Karl Oskamp vor der Tür. Karl war ein alter Freund aus meiner Studienzeit, und ich hatte ihn schon seit Jahren nicht mehr gesehen. «Da staunst du, was?», begrüßte er mich. «Mit meinem Besuch hast du bestimmt nicht gerechnet.» Damit hatte er Recht, und ich freute mich, ihn zu sehen. «Komm doch rein», bat ich ihn. «Was führt dich denn zu mir?» «Ich hatte dienstlich in der Nähe zu tun, und da fiel mir ein, dass du hier wohnst.» «Wie lange kannst du bleiben?», fragte ich Karl. «Ich hätte bis morgen Abend Zeit, aber wenn es dir nicht passt ...» «Nein, natürlich passt es mir», unterbrach ich ihn. «Nur im Augenblick habe ich ein kleines Problem. Ich bin mit noch einigen anderen Verwandten bei meinem Schwager Klaus eingeladen und wollte gerade gehen, als du kamst. Die Verabredung ist seit langem geplant, und ich kann sie jetzt schlecht absagen. Aber warum kommst du nicht einfach mit? Meine Verwandtschaft ist ganz nett, und in spätestens zwei Stunden sind wir auch wieder zurück.» Karl war einverstanden, und so machten wir uns auf den Weg.

Klaus machte uns selbst die Tür auf. Ich erklärte ihm, warum ich Karl mitgebracht hatte, und er hieß ihn herzlich willkommen. Karl wurde sofort von Klaus in Beschlag gekommen. «Kommen Sie, ich stelle Sie unserer Verwandtschaft vor.» Mein Schwager schob Karl am Arm vor sich her und bugsierte ihn von einem zum anderen. Ich trottete hinter den beiden her und kam mir ziemlich überflüssig vor. Klaus hört sich gerne selbst reden und war glücklich, ein neues Opfer gefunden zu haben. Mein armer Freund musste einen endlosen Schwall von Geschwätz über sich ergehen lassen. «Wissen Sie, Herr Oskamp», sagte er schließlich, «dass in diesem Raum, von Ihnen abgesehen, jeder Mann mit jedem anderen Mann verschwägert ist? – Nun muss ich mich auch einmal um meine anderen Gäste kümmern.» Und damit ließ er uns beide allein.

«Dein Schwager nimmt es mit der Wahrheit auch nicht so genau», meinte

Karl. Ich war überrascht. «Du hast Recht, aber wie kommst du darauf?» «In diesem Raum kann unmöglich jeder Mann mit jedem anderen verschwägert sein. Dazu sind es prinzipiell zu viele», war Karls Antwort. Ich überlegte, wie groß eine Gruppe von Männern maximal sein könnte, in der jeder der Schwager jedes anderen wäre, aber ich konnte das Problem nicht lösen.

Wissen Sie die Maximalzahl? Als verschwägert sollen dabei zwei Männer nur dann gelten, wenn einer nach geltendem deutschem Recht mit der lebenden Schwester des anderen verheiratet ist.

42. Das Fenster

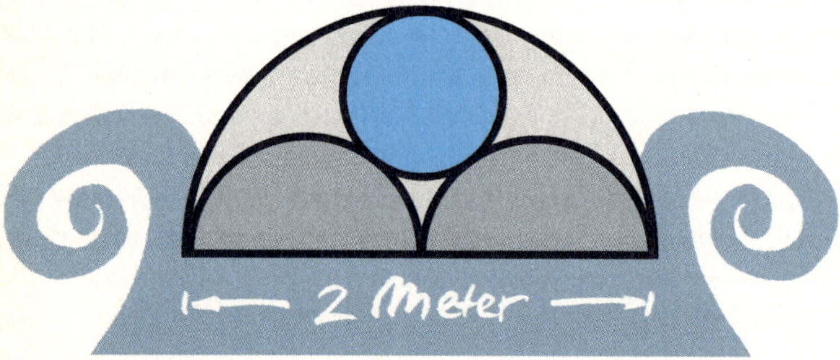

Meine Frau und ich hatten den größten Schritt unseres Lebens gewagt und uns ein Haus gekauft. Viele Jahre hatten wir gespart, bis wir endlich so viel Geld auf unserem Konto hatten, dass wir mit Hilfe eines Bankkredits uns unseren Traum verwirklichen konnten. Nach einigem Suchen fanden wir dann in unserem Ort ein kurz nach 1900 gebautes Jugendstilhaus, in das wir uns sofort verliebten. Das Haus war in einem recht guten Zustand, obwohl noch einiges zu reparieren und zu modernisieren war. Aber der Preis war nicht allzu hoch, sodass wir es kauften.

Ab nun verbrachte ich meine komplette Freizeit mit dem Entrümpeln von Dachböden und Kellern, dem Tapezieren von Wänden, dem Verlegen von Teppichböden, dem Streichen von Decken, Fenstern, Türen und Heizkörpern und dem Verlegen von Badezimmer- und Küchenfliesen. Nach wochenlanger Arbeit glaubte ich schließlich fertig zu sein.

Aber als ich eines Abends nach Hause kam, stand meine Frau im Vorgarten und schaute mit kritischen Blicken auf das halbrunde Fenster, das sich über unserer Eingangstür befindet. Dieses Fenster hat eine kreisförmige, zwei halbkreisförmige und drei Scheiben, die die Form von Bogendreiecken haben. «Ich habe vorhin mit Frau Johnen von nebenan gesprochen», begrüßte mich meine Frau, als sie mich sah. «Sie sagte, die Scheiben seien früher farbig gewesen und nicht so wie jetzt einfach nur weiß. Findest du nicht auch, wir sollten den ursprünglichen Zustand wiederherstellen?» Eine solche Frage meiner Frau duldete keinen Widerspruch, und so stimmte ich zu und machte mich auf den Weg zum Glaser.

Ich zeigte dem Glaser eine Zeichnung unseres Fensters. «Die kreisförmige Scheibe soll rot werden, die beiden halbkreisförmigen blau und die drei Füllflächen gelb. Können Sie mir sagen, wie viel die sechs Scheiben kosten werden?» Der Glaser kratzte sich am Kopf und meinte: «Das muss ich erst einmal ausrechnen, denn die Gläser sind verschieden teuer. Das rote Glas kostet pro Quadratmeter 171 Euro, das blaue 160 Euro und das gelbe 180 Euro. Das Zuschneiden der Scheiben ist kostenlos.»

Wissen Sie, wie viel Geld ich dem Glaser bezahlen musste? Die Dicke des Rahmens und der Sprossen dürfen Sie bei der Berechnung vernachlässigen.

43. Das Puzzle

Meine Schwiegereltern waren zu Besuch gekommen und hatten meiner vierjährigen Tochter ein Puzzle mitgebracht. Nachdem wir ihr erklärt hatten, dass sie die Teilchen zu einem Bild zusammensetzen müsse, verzog sie sich mit dem Spiel hinter einen Sessel. Außer einem leisen Murmeln hörten wir nun nichts mehr von ihr. Nach einer Viertelstunde konnte ich meine Neugier nicht mehr im Zaum halten und lugte über die Sessellehne.

Sarah saß auf dem Boden, hatte alle Puzzleteile rund um sich verstreut und versuchte, ohne ein für mich erkennbares System, die Stückchen aneinander zu setzen. Es war ihr auch schon gelungen, etliche Teilchen zu einem Stück zusammenzufügen, das aus der Bildmitte stammte. Nun geht es mir, wie es vielen anderen Vätern auch ergeht: Wenn ich meinen Kindern beim Spielen zusehe, werde ich unruhig, gebe viele, meist unerwünschte Ratschläge und möchte ihnen am liebsten alles aus der Hand nehmen und es selbst machen. Das war auch mit Sarahs Puzzle nicht anders.

«Warum setzt du nicht erst einmal den Rand zusammen?», fragte ich sie. «Das ist ziemlich leicht, und du kannst danach viel einfacher den Rest zusammenbauen.» Inzwischen war auch meine Schwiegermutter dazugekommen. «Lass Sarah es doch einfach so machen, wie sie es möchte», meinte sie. «Aber wenn man ein Puzzle systematisch zusammensetzt, ist es nicht so schwer. Und das beste System ist, zunächst den Rand zusammenzubauen, denn diese Teilchen sind leicht zu finden, und es sind auch viel weniger als die Teilchen im Puzzleinneren», erwiderte ich etwas besserwisserisch. «Trotzdem solltest du dem Kind nicht dein System aufzwingen», wies sie mich zurecht. «Außerdem stimmt es nicht, dass der Rand des Puzzles aus viel weniger Teilen besteht als das Innere. Im Gegenteil: Im Rand des Spiels müssen genau die Hälfte aller Teilchen liegen.» Das wollte ich nicht glauben, aber als ich nachzählte, stellte ich fest, dass meine Schwiegermutter Recht hatte.

Es gibt nur zwei Puzzlegrößen, bei denen genau die Hälfte der Teilchen den Rand bilden. Sarahs Puzzle war das mit der höheren Teilchenzahl. Wissen Sie, aus wie vielen Pappstückchen das Puzzle meiner Tochter bestand?

44. Die Erdbeeren

«Max! Max! Wo steckst du? Komm sofort her!» Mein Nachbar Meister Blume war zornig. Mit hochrotem Kopf lief er durch die Gärtnerei und suchte seinen Lehrling. Schließlich fand er ihn mit Ada, dem Lehrmädchen, auf einer Bank hinter den Johannisbeersträuchern sitzen.

«Was hast du dir eigentlich dabei gedacht?», fuhr er ihn wütend an. Ada kicherte ein wenig verlegen, aber Max ließ sich nicht aus der Ruhe bringen. «Wovon reden Sie überhaupt, Meister?», fragte er ihn. «Von den Erdbeeren natürlich! Du hast die Erdbeeren, die wir heute Morgen gepflückt haben, den ganzen Tag über in der prallen Sonne stehen lassen. Jetzt sind sie eingetrocknet und dadurch leichter geworden, und ich bekomme nicht mehr so viel Geld dafür.» Meister Blume zog ein Gesicht, als ob die Existenz der Gärtnerei von diesen Erdbeeren abhinge. Sein Lehrling aber schien keine Gewissensbisse zu haben. «Beruhigen Sie sich, Meister. Ich werde mir den Schaden einmal ansehen», meinte er und stapfte eilig davon, ehe sein Chef etwas erwidern konnte.

Zehn Minuten später kam Max zu Meister Blume ins Büro. «Es ist alles nur halb so schlimm», sagte er. «Sie wissen ja, frische Erdbeeren bestehen zu 99 % aus Wasser. Ich habe unsere Erdbeeren kontrolliert. Dadurch, dass sie in der Sonne gestanden haben, ist ihr Wassergehalt auf 98 % geschrumpft. Dieses eine Prozentchen wird Sie schon nicht in den Ruin treiben.» Damit drehte er sich um und ließ meinen etwas verdutzten Nachbarn allein.

Wie schwer waren die eingetrockneten Erdbeeren, wenn die frischen 100 kg gewogen haben?

45. Der Geburtstags-wochentag

Ich hatte mir zwei Wochen Urlaub genommen und war zu meinem Bruder nach Osnabrück gefahren, um ihm beim Renovieren seines Hauses zu helfen.

Nach einigen Tagen – wir tapezierten gerade eines der Kinderzimmer –, sagte mein Bruder: «Anita hat nächste Woche Geburtstag, und wir haben dann abends hier eine kleine Feier. Du bleibst doch hoffentlich noch so lange?» Anita ist die Frau meines Bruders. Ich hatte aber keine Ahnung, wann ihr Geburtstag war, und da mir dies peinlich war, sagte ich nur: «Selbstverständlich bleibe ich.»

Als ich am Abend mit meinen Nichten und Neffen alleine im Spielzimmer war, fragte ich scheinheilig: «Sagt mal, wisst ihr eigentlich, an welchem Tag in der nächsten Woche eure Mutter Geburtstag hat?» «Na klar», antwortete Anna, die Älteste, «am Mittwoch.» «Im letzten Jahr fiel Mamas Geburtstag auf einen Montag. Also ist dieses Jahr der Montag der Tag vor ihrem Geburtstag», behauptete Benjamin, der Zweitälteste. «Ich weiß genau, dass der Tag nach Mamas Geburtstag der Donnerstag ist, denn da hat meine Freundin Michaela Geburtstag», sagte Christa, die Drittälteste, und Daniel, der Jüngste, meinte: «Mama hat gesagt, dass sie zwei Tage nach Dienstag Geburtstag hat.»

Mit den widersprüchlichen Angaben meiner Neffen und Nichten konnte ich natürlich nichts anfangen, und so musste ich wohl oder übel am nächsten Tag meinem Bruder meine Unwissenheit gestehen. Als ich ihm erzählte, was mir Anna, Benjamin, Christa und Daniel geantwortet hatten, schmunzelte er. «Wenn ich dir sagen würde, wie viele meiner Kinder die Wahrheit gesagt haben, dann wüsstest du, wann Anita Geburtstag hat.» Ich dachte einen Moment nach und meinte schließlich: «Das brauchst du mir gar nicht mehr zu sagen. Ich weiß es jetzt.»

Wissen Sie, an welchem Wochentag meine Schwägerin Geburtstag hatte?

46. Die Ratgeber

«Matt!» Mein Nachbar Sigi Schubert konnte den Triumph in seiner Stimme nicht unterdrücken. Normalerweise bin ich der bessere Schachspieler von uns beiden, aber an diesem Abend verlor ich jede Partie. Ich muss wohl etwas verärgert ausgesehen haben, denn Sigi sagte lachend: «Du ziehst ja ein Gesicht wie König Lorwin.» Ich verstand nicht, was er meinte. «Kennst du nicht die Münchhausen-Geschichte?», fragte Sigi. Er lehnte sich in seinem Sessel zurück und trank genüsslich einen Schluck Wein, dann begann er zu erzählen.

«Nachdem Baron Münchhausen Konstantinopel verlassen hatte, kam er in das kleine Königreich Frennet. Er war während seiner Reisen schon öfter dort gewesen und immer von König Lorwin freudig empfangen worden. Diesmal jedoch ließ er ihn stundenlang warten und ihm schließlich durch einen Diener sagen, er habe Kopfschmerzen und gehe zu Bett. Baron Münchhausen erkundigte sich im Schloss, was der Grund für seine Verstimmung sei, und man sagte ihm, er habe ein Schachspiel gegen König Borax, den Herrscher des Nachbarlandes, verloren.

König Lorwin war ein leidenschaftlicher Schachspieler, und er hasste nichts mehr, als eine Partie zu verlieren. Deshalb hatte er sich die besten Schachspieler seines Landes als Ratgeber an den Hof geholt, und er befragte sie zu jedem Zug, den er bei einem Spiel machte. Bei der Partie gegen König Borax rieten sie ihm zu einem Zug mit einem seiner Läufer, den er zwar für falsch hielt, aber trotzdem machte. Dadurch verlor er den Läufer, und nun ging es Zug um Zug abwärts, und kurze Zeit später rief König Borax triumphierend ‹Schach matt!›.

König Lorwin tobte vor Wut und jagte seine Ratgeber in den Schlosshof, der schachbrettartig in 64 schwarze und weiße Quadrate gepflastert war. ‹Ihr seid jetzt alle Schachläufer, und ihr werdet den Hof nicht eher verlassen, bis ihr euch so auf den Feldern verteilt habt, dass keiner einen anderen schlagen kann›, befahl er zornig.

Nachdem Baron Münchhausen dies gehört hatte, ging er in den Schlosshof und fand die Ratgeber ziemlich ratlos vor. Sie hatten die Aufgabe ihres Königs nicht lösen können und nun Angst vor seinem Zorn. Aber Münchhausen konnte ihnen helfen und wies jedem ein Schachfeld zu. Sie hatten übrigens sehr viel Glück gehabt: Wären sie nur einer mehr gewesen, wäre das Problem unlösbar gewesen.»

«Wie viele Ratgeber hatte König Lorwin denn?», fragte ich Sigi. «Das versuche nur selbst herauszubekommen», antwortete er schmunzelnd.

Wissen Sie es?

47. Die Kette

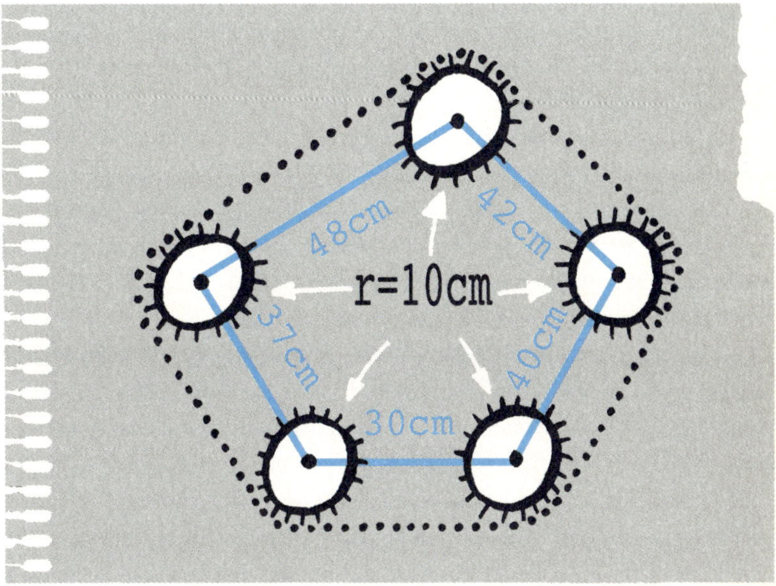

Mein Onkel Herbert hatte sich vor einigen Jahren, nachdem seine Frau gestorben war, ein einsames kleines Bauernhaus im Emsland gekauft und sich dann dorthin zurückgezogen. Er verbrachte seine Zeit damit, aus alten Auto-, Fahrrad- und Nähmaschinenteilen, aus Wasserrohren, Aluminiumschienen und Kupferdraht kuriose Maschinen zu bauen, die sich drehten, bewegten, blinkten, schnarrten und hupten, und die er anschließend von einem Galvaniseur verchromen ließ. Die Maschinen waren zwar sehr hübsch anzusehen, hatten aber sonst keinen eigentlichen Zweck. Mein Onkel nannte sie «Technomobile» und verkaufte sie als Kunstwerke, womit er mehr schlecht als recht seinen Lebensunterhalt bestreiten konnte.

Als ich im letzten Monat beruflich im Emsland zu tun hatte, besuchte ich meinen Onkel Herbert. Er freute sich sehr über meinen Besuch und lud mich ein, bei ihm zu übernachten. Aber da ich kein Freund von Strohmatratzen und kalten Duschen bin, lehnte ich ab und wollte lieber in ein Hotel in der nahe gelegenen Stadt ziehen.

Mein Onkel ging mit mir in seine Werkstatt und zeigte mir stolz seine Kunstwerke. «An dieser Maschine arbeite ich gerade, aber sie ist bald fertig.» Er zeigte mir eine Platte, auf die fünf Fahrradzahnräder mit langen, senkrechten Achsen montiert waren. Auf die Enden der Achsen waren leuchtende bunte Kugeln verschiedener Größen geschraubt. Eines der Zahnräder konnte durch einen Elektromotor angetrieben werden.

«Kannst du mir einen Gefallen tun?», fragte mein Onkel. «Ich brauche noch eine Fahrradkette, die über alle fünf Zahnräder läuft, sodass der Motor sie gleichzeitig antreiben kann.» «Ich bringe dir morgen aus der Stadt eine Kette mit», versprach ich. «Du musst mir nur die genaue Länge nennen.» Onkel Herbert gab mir einen Zettel mit einer Skizze und sagte: «Hier hast du die Maße meiner Maschine. Daraus geht die Länge der Kette hervor.»

Am Abend in meinem Hotelzimmer sah ich mir den Zettel an. Leider war die Kettenlänge selbst nicht angegeben, sodass ich über eine Stunde herumrechnen musste, bis ich schließlich den Wert hatte.

Wissen Sie, wie lang Onkel Herberts Kette sein musste?

48. Der Ethnologe

Ich hatte meine Wanderung durch den Teutoburger Wald bei strahlendem Sonnenschein begonnen, aber ich war noch nicht lange unterwegs, als von Westen her große, schwarze Gewitterwolken aufzogen. Sie kamen rasch näher, und es fielen schon die ersten vereinzelten Regentropfen. Glücklicherweise war ganz in der Nähe eine Schutzhütte. Ich erreichte sie gerade noch, bevor das Gewitter losging und der Regen in Sturzbächen vom Himmel kam.

In der Hütte war es ziemlich dunkel. Als meine Augen sich daran gewöhnt hatten, bemerkte ich, dass ich nicht alleine war. Auf der Bank an der Rückwand saß ein kleiner, alter, aber sehr rüstig wirkender Mann. Er begrüßte mich nun freundlich. «Guten Tag, junger Mann. Setzen Sie sich doch bitte zu mir.» Wir kamen ins Gespräch, und es stellte sich heraus, dass mein Hüttengefährte ein emeritierter Ethnologieprofessor war. Obwohl er schon fast achtzig Jahre alt war, machte er, wie er mir sagte, noch jedes Jahr eine Forschungsreise in den Amazonasdschungel.

«Im letzten Jahr war ich in einem kleinen, völlig abgeschiedenen Dorf in der Nähe des Rio Negro», erzählte er. «Das Besondere an diesem Dorf ist, dass seine Bewohner entweder ausgesprochen klug oder besonders dumm sind. Menschen mit einer mittleren Intelligenz fehlen völlig. Ich habe mich mit den Dörflern mehrere Wochen beschäftigt und festgestellt, dass es dort mehr junge Männer als dumme Frauen und mehr junge Frauen als dumme junge Männer gibt.» «Was ist mit den Kindern?», wollte ich wissen. «Die habe ich selbstverständlich auch berücksichtigt. Mädchen zählen zu den jungen Frauen und Jungen zu den jungen Männern», war seine Antwort.

Ich dachte eine Weile über das Gehörte nach, dann fragte ich ihn: «Wie viele kluge Menschen gibt es denn insgesamt in dem Dorf?» Etwas verlegen antwortete der Ethnologe mir: «Ich weiß die Zahl leider nicht mehr auswendig. Sie können sich aber leicht überlegen, wie viele kluge Menschen es mindestens in dem Dorf gibt.» Ich konnte es nicht.

Wissen Sie, wie viele kluge Menschen mindestens in dem Dorf leben?

49. Die Gewinner

Ich wollte mir den Spätfilm im Fernsehen ansehen und schaltete um zehn Uhr den Apparat ein. Meine Uhr muss wohl etwas vorgegangen sein, denn es liefen noch die letzten Minuten der vorherigen Sendung, einer Spielshow.

Anscheinend war gerade die letzte Frage richtig beantwortet worden, denn einige Mitspieler rissen die Hände hoch, sprangen vor Freude auf der Bühne in die Höhe und fielen sich gegenseitig in die Arme. Die Zuschauer im Saal begannen begeistert zu klatschen, und die Kamera schwenkte auf die Siegermannschaft und zeigte jeden Einzelnen in Großaufnahme. Der Showmaster ging auf die Gewinner zu und schüttelte allen die Hände. «Herzlichen Glückwunsch! Ganz herzlichen Glückwunsch! Sie waren großartig!»

Nachdem sich die Mannschaft beruhigt und der Beifallssturm sich gelegt hatte, sagte er: «Meine Damen und Herren, Sie haben zwar gewonnen, aber wie viel Sie gewonnen haben, das entscheidet sich erst bei Ihrer letzten Aufgabe.» Die Assistentin des Showmasters brachte sieben große, bunte Scheiben, auf die die Ziffern von 0 bis 6 gemalt waren, auf die Bühne und gab sie der Mannschaft. Der Showmaster zeigte auf eine große Tafel und sagte: «Sie haben eine Minute Zeit, in der Sie einige oder auch alle Scheiben nebeneinander auf diese Tafel heften dürfen, sodass eine mehrstellige Zahl entsteht. Diese Zahl ist dann der Betrag in Euro, den Sie gewonnen haben.»

Der Showmaster begann zu lächeln und hob den Zeigefinger. «Es gibt da allerdings einen kleinen Haken. Da Ihre Mannschaft aus zwölf Spielern besteht, muss die Zahl, die Sie bilden, ohne Rest durch 12 teilbar sein, damit Sie die Summe nachher problemlos unter sich aufteilen können.» Er machte eine kurze Pause und fragte dann: «Haben Sie alles verstanden?» Die Mannschaft nickte und stellte sich vor der Tafel auf. «Es bleibt mir also nur noch, Ihnen viel Glück zu wünschen», sagte der Showmaster und gab das Startsignal.

Ich begann zu überlegen, welche Zahl die Mannschaft bilden musste, damit ihr Gewinn möglichst groß ausfiel.

Wissen Sie es?

50. Die Wahl

Am letzten Wochenende war die Wahl des neuen Vorstandes unseres Sportvereins. Da ich der Schriftführer des Vereins bin, war es meine Aufgabe, die Wahl vorzubereiten und durchzuführen. Die «Eintracht 04» ist ein großer Verein, und deshalb war es eine Menge Arbeit, die ich zu bewältigen hatte. Ich musste Kandidaten finden und eine Wahlliste aufstellen. Die Liste musste gedruckt und an alle Mitglieder des Vereins geschickt werden. Das Vereinshaus baute ich zu einem Wahllokal um, und den Saal des Dorfgasthauses ließ ich für die Wahlfeier schmücken.

Den ganzen Sonnabend über saß ich am Eingang des Vereinshauses, verteilte Stimmzettel und hakte diejenigen, die gewählt hatten, in meiner Mitgliederliste ab. Um sechs Uhr abends begann die Auszählung der Stimmen.

Unsere Satzung verlangte, dass diejenigen Kandidaten, die zusammen mehr als die Hälfte der Stimmen bekommen hatten, den Vorstand des Vereins bilden konnten. Ich favorisierte drei Brüder, Alfons, Bruno und Clemens Kynast, die schon immer sehr rührig für unseren Sportverein gewesen waren und von denen ich mir versprach, dass sie uns aus unserer Finanzmisere herausbringen würden. Aber leider hatten die drei kein Glück. Ihr Stimmenanteil lag zusammen knapp unter 50 %. So konnte Kurt Becker, der Fleischermeister unseres Dorfes, eine Koalition mit den anderen Kandidaten bilden und die 50 %-Hürde überspringen.

Bei der anschließenden Wahlfeier hielt Kurt Becker seine Siegesrede. Leider ist er kein sehr begnadeter Redner, und seine weitschweifige und ermüdend langweilige Ansprache zog sich zäh von Minute zu Minute. Das Zuhören fiel mir immer schwerer und schwerer, und nach einer halben Stunde schaltete ich völlig ab.

Ich begann auf meinem Block mit den Zahlen des Wahlergebnisses zu spielen. Mir fiel auf, dass die drei Kynast-Brüder alle einen verschiedenen Stimmenanteil bekommen hatten und dass dieser jeweils durch einen Stammbruch, also durch einen Bruch, dessen Zähler eine 1 ist, ausgedrückt werden konnte. Ich zählte die drei Brüche zusammen und untersuchte das Ergebnis. Dabei stellte ich fest, dass die Summe der größtmögliche Wert unterhalb von 1/2 war, den man mit drei verschiedenen Stammbrüchen überhaupt erreichen kann.

Wissen Sie, den wievielten Teil der Stimmen Clemens Kynast bekam, der von den drei Brüdern bei der Wahl am schlechtesten abschnitt?

51. Schlag den Gänzel

Den letzten Samstag werde ich so schnell nicht vergessen. Alles begann ganz harmlos. Es war ein warmer Sommerabend, und ich schlenderte die Dorfstraße entlang. Vor dem «Schmiedehof», unserer Dorfkneipe, hatte der Wirt einige Tische und Stühle aufgestellt, die auch fast alle besetzt waren. Als ich nun an der Kneipe vorbeiging, hörte ich, wie hinter mir jemand meinen Namen rief. Ich drehte mich um und sah drei Männer aus meiner Nachbarschaft an einem der Tische sitzen. Sie winkten mir zu, und ich ging zu ihnen hin.

«Komm, setz dich und trink ein Bier mit uns», sagte Ulrich. Ich konnte nicht widerstehen und zog mir einen Stuhl heran. Leider blieb es nicht bei einem Bier, und schon bald hatten wir alle vier einen gehörigen Schwips. Das wäre noch nicht so schlimm gewesen, wenn nicht Michael auf die Idee gekommen wäre, zu knobeln.

«Ich kenne ein neues, schönes Würfelspiel. Es heißt ‹Schlag den Gänzel› und wird mit nur einem Würfel gespielt.» Er ließ sich vom Wirt einen Knobelbecher geben und begann, uns das Spiel zu erklären. Es war nicht schwer, aber ich kann mich heute trotzdem nicht mehr an die Regeln erinnern.

«Um was wollen wir spielen?», fragte Thomas. «Ich schlage vor, jeder legt sein gesamtes Geld, das er bei sich hat, vor sich auf den Tisch», sagte Michael. «Und wer eine Runde verliert, zahlt jedem der anderen drei so viel, wie diese zu dem Zeitpunkt gerade besitzen. Diejenigen, die nicht verlieren, verdoppeln also in einer Runde ihren Besitz.» Mir erschien der Vorschlag vernünftig, und wir waren alle damit einverstanden, doch wenn ich heute darüber nachdenke, kommt er mir ziemlich schwachsinnig vor.

Wir begannen also zu knobeln, und ich verlor gleich das erste Spiel. Nachdem ich meinen Mitspielern ihr gewonnenes Geld gegeben hatte und wir noch ein Glas Bier getrunken hatten, begann die nächste Runde. Diesmal verlor Thomas. Nach einem weiteren Bier spielten wir eine dritte Runde, aus der Michael als Verlierer hervorging. Nach der vierten Runde, der auch wieder ein Glas Bier voranging und die Ulrich verlor, stellten wir fest, dass nun jeder von uns genau achtzig Euro vor sich liegen hatte. Ich spürte, wie mir das Bier immer stärker zu Kopfe stieg. «Mir reicht's für heute», sagte ich deshalb mit schwerer Zunge, stand auf, strich mein Geld ein und ging leicht schwankend nach Hause.

Als ich am nächsten Morgen wach wurde, hatte ich fürchterliche Kopfschmerzen. Nach und nach fielen mir die Ereignisse vom Vorabend wieder ein. Mit bösen Ahnungen stand ich auf und schaute in mein Portemonnaie. Mit Schrecken stellte ich fest, wie viel Geld ich verloren hatte.

Wissen Sie es auch?

52. Die Deckchen

Tante Gertrud ist die älteste Schwester meines Vaters. Sie ist unverheiratet und mit zunehmendem Alter etwas sonderlich geworden. Sie hat eine kleine Wohnung am Stadtrand und verbringt dort den größten Teil ihrer Zeit damit, kleine Deckchen zu sticken oder zu häkeln. Mit diesen Deckchen ist in ihrer Wohnung jedes Möbelstück dekoriert, jede Blumenvase steht auf einem Deckchen, und selbst auf dem Fernseher und auf der Waschmaschine liegen welche. Auch die gesamte Verwandtschaft wird mit den Produkten ihres unermüdlichen Fleißes beglückt: Zu Weihnachten, zu Ostern, zum Geburtstag, zu allen Jubiläen und bei ihren Besuchen gibt es Tante Gertruds Deckchen.

Vor einigen Wochen hatte Tante Gertrud Geburtstag. Fünfundsiebzig Jahre alt war sie geworden, und die ganze Familie kam zum Kaffee. Wir Neffen und Nichten hatten unser Geld zusammengelegt und ihr einen neuen, größeren Couchtisch gekauft. Mit viel Mühe hatten wir den Tisch in ein Dutzend Bögen Geschenkpapier gepackt und mit einer großen, roten Schleife versehen.

Wir trugen den Tisch in Tante Gertruds Wohnung, stellten ihn vor ihr ab und sangen «Alles Gute zum Geburtstag». Natürlich konnte man schon auf den ersten Blick sehen, was wir da eingepackt hatten, trotzdem tat unsere Tante so, als hätte sie keine Ahnung. «Das ist ja ein großes Geschenk. Ich bin gespannt, was da drin ist.» Sie fing an, den Tisch auszuwickeln. «Oh! Der ist aber schön! Mein alter Couchtisch ist viel zu klein. Dieser hat genau die richtige Größe. Vielen Dank, meine Lieben.»

Tante Gertrud wollte ihr Geschenk sofort ausprobieren. Sie räumte unsere Kaffeetassen und Kuchenteller und alles, was sonst noch aufgedeckt war, von ihrem alten Tisch, und dann mussten wir ihn gegen den neuen austauschen. Der neue Tisch war quadratisch, genau wie der alte, hatte aber eine doppelt so große Seitenlänge. Darum passten natürlich die alten Tischdecken nicht mehr. «Das macht nichts», meinte Tante Gertrud. «Ich nähe mir in der nächsten Woche eine passende Decke. Und für heute weiß ich auch eine Lösung: Ich habe noch Ersatzdecken für meinen alten Tisch. Davon legen wir mehrere gleichzeitig auf den Tisch.»

Tante Gertrud holte acht gleiche, quadratische Deckchen und legte sie so, wie es die Zeichnung zeigt, auf ihren neuen Couchtisch.

Während des Kaffeetrinkens überlegte ich die ganze Zeit, in welcher Reihenfolge meine Tante die Deckchen auf den Tisch gelegt hatte. Aber ich kam zu keiner Lösung.

Wissen Sie, das wievielte, von der Tischplatte aus gezählt, das mit einem Kreuz markierte Deckchen ist?

53. Der Kuhhandel

Wenn in unserem Ort am Sonntag die Menschen aus der Kirche kommen, gehen die Frauen mit den Kindern nach Hause und bereiten das Mittagessen vor, und die Männer treffen sich zu einem Frühschoppen in der Dorfkneipe.

Am letzten Sonntag saß ich allein mit meinem Glas an der Theke und beobachtete die Leute. In der Ecke am Fenster standen einige Jugendliche und spielten am Flipper. Sie hatten Geld in die Musikbox gesteckt, und einer von ihnen sang die Hits laut mit. An dem großen, runden Tisch mitten im Raum saßen etliche ältere Männer, die offensichtlich alle im Schützenverein waren. Sie stritten sich schon seit einer halben Stunde über den Termin des nächsten Schützenfestes und konnten zu keiner Einigung gelangen. Am anderen Ende der Theke saßen auf Barhockern drei Männer, tranken schweigend ihr Bier und starrten auf die Regale mit den Flaschen hinter dem Wirt.

An einem Tisch in meiner Nähe saßen zwei Männer, die sich mit dem Qualm ihrer Zigarren eingenebelt hatten. Ich kannte die beiden. Sie arbeiteten in einer Fabrik in der nächsten Stadt und hatten jeder einen kleinen Bauernhof, den sie als Nebenerwerbsbetrieb bewirtschafteten. Die beiden hatten schon einige Glas Bier getrunken, als der Ältere von ihnen mit leicht belegter Stimme sagte: «Hör mal, Jan, was willst du mit so vielen Kühen? Sie machen dir mehr Arbeit, als du schaffen kannst. Verkaufe mir doch eine, dann hätte ich genauso viele wie du.» Der jüngere Bauer dachte eine Weile nach, nahm einen kräftigen Schluck aus seinem Bierglas und meinte dann: «Nein, Hein, ich gebe dir keine von meinen Kühen ab. Ich komme sehr gut mit ihnen zurecht. Aber da du meinst, dass Kühe zu viel Arbeit machen, verkaufe mir eine von deinen, dann hätte ich doppelt so viele wie du.» Doch das wollte der ältere Bauer auch nicht, und so einigten sie sich darauf, alles beim Alten zu belassen.

Mir aber ging die Frage durch den Kopf, wie viele Kühe die beiden Bauern eigentlich hatten.

Wissen Sie es?

54. Die Kundennummern

Ich saß gerade beim Abendbrot, als das Telefon klingelte und mich der verzweifelte Hilferuf meines Nachbarn erreichte: «Kannst du mal rüberkommen? Mein Computer spinnt, und ich brauche unbedingt eine Kundennummer!» Ich hatte vor einiger Zeit einen Computerkurs an der Volkshochschule besucht, und seitdem galt ich in der Nachbarschaft als Computerexperte. Also aß ich rasch zu Ende und ging nach nebenan.

Alfred starrte auf den Monitor, auf dem nur eine Zahlenkolonne zu sehen war. «Meine Kundenakten enthalten vertrauliche Angaben», sagte er. «Wegen des Datenschutzes habe ich in den Akten die Namen durch Nummern ersetzt. Nur mit einem Computerprogramm, für das man ein Passwort kennen muss, kann man die Kundennamen und -nummern einander wieder zuordnen.» Er zeigte auf den Monitor. «Schau dir das an», sagte er. «Wenn ich den Namen eines Kunden eintippe, müsste der Computer mir eigentlich die dazugehörige fünfstellige Kundennummer herausgeben. Stattdessen blitzt nur kurz das Wort ‹Decodierungsfehler› auf, und es erscheint nicht eine einzelne Zahl, sondern eine Kolonne von zehn Zahlen, und keine davon ist die richtige Kundennummer.»

50811
79588
14073
07145
84771
29402
63136
42936
98174
35862

«Gib mir doch einmal das Handbuch zu deinem Kundennummern-Programm», bat ich ihn. Er gab mir ein dünnes Heft, und ich begann zu lesen.

Nach ein paar Minuten hatte ich gefunden, was ich gesucht hatte. «Die Kundennummern werden von dem Programm zunächst verschlüsselt, bevor sie gespeichert werden, und sie müssen wieder entschlüsselt werden, wenn du einen Kundennamen eingibst. Aus irgendeinem Grund funktioniert die Entschlüsselung nicht, und was du auf dem Monitor siehst, ist die codierte Nummer.»

Ich blätterte weiter in dem Programmhandbuch. «Hier ist der Code erklärt», sagte ich. «Jede der fünfstelligen Kundennummern wird durch zehn andere fünfstellige Zahlen ersetzt, wobei bei jeder der zehn Zahlen genau eine Stelle mit der Kundennummer übereinstimmt.» «Dann müsste es doch eigentlich möglich sein, die Zahlenkolonne von Hand zu entschlüsseln», meinte Alfred hoffnungsvoll. «Wir können es ja einmal versuchen», erwiderte ich. Also machten wir uns an die Arbeit, und tatsächlich, nach einer halben Stunde hatten wir die richtige Kundennummer gefunden.

Schaffen Sie es auch?

55. Der Kuppelbau

Meine Frau schwärmt für die Toskana, und mindestens jedes zweite Jahr verbringen wir unseren Urlaub in Italien. Beim letzten Mal hatten wir ein wunderschönes altes Häuschen in einem kleinen Dorf in den Apenninen gemietet und bereisten von dort aus die Umgebung. An unserem letzten Urlaubstag fuhren wir in eine mittelalterlich wirkende Kleinstadt, deren Namen ich leider wieder vergessen habe, und besichtigten die Hauptsehenswürdigkeit des Ortes: einen Kuppelbau aus der Völkerwanderungszeit.

Der Bau hatte einen kreisrunden Grundriss, eine halbkugelförmige Kuppel und nur wenige kleine Fenster, und da er völlig leer war und auch die Wände nackt waren, wirkte er etwas trostlos. Meine Frau hatte einen Fremdenführer engagiert, der sich sehr lang und wortreich über alle Details des Baus ausließ. Da ich außer «Danke» und «Guten Tag» kein einziges Wort Italienisch kann, wurde es mir bald zu langweilig, und ich begann in dem Raum auf und ab zu gehen. Dabei fiel mir auf, dass der Fußboden mit lauter gleich großen, quadratischen Platten aus weißem Marmor ausgelegt war. Das Besondere dabei war, dass die Platten an den Rändern des Fußbodens nicht zerschnitten waren, um sich der Rundung des Raums anzupassen, sondern sich nur so weit wie möglich den Wänden näherten. Der so verbliebene Ring zwischen den Platten und der Wand war mit roten Ziegeln ausgefüllt. Dadurch bekam der Boden ein etwas zerfranstes Aussehen, was die Harmonie des Baus störte. Genau in der Mitte des Raumes, wo sich vier Platten trafen, war eine kleine goldene Scheibe im Boden eingelassen. Aus lauter Langeweile begann ich die Platten zu zählen: Es waren genau 600.

Auf der Rückfahrt berichtete mir meine Frau, was ihr der Fremdenführer über den Kuppelbau erzählt hatte. «Die Marmorplatten des Fußbodens haben übrigens alle eine Seitenlänge von einer toskanischen Elle», meinte sie zum Schluss. Ich begann mir zu überlegen, wie man aus der Plattengröße und der Plattenzahl die Größe des Baus ausrechnen könnte, aber es gelang mir nicht.

Wissen Sie, wie viele Ellen Durchmesser der Rundbau mindestens und wie viele er höchstens hatte?

56. Das Chronogramm

Es nieselte schon den ganzen Tag, und Aachen zeigte sich von seiner schlechtesten Seite. Dennoch schleppte mich Ulrich von einer Sehenswürdigkeit zur anderen: vom Dom zum Rathaus, vom Rathaus zum Ponttor, vom Ponttor zum Marschiertor und vom Marschiertor nach Gott weiß wohin.

Schließlich gelangten wir auf unserer Sightseeingtour zur Paulskirche. «Diese ursprünglich gotische Kirche wurde im Krieg bis auf die Außenmauern und dieses Renaissanceportal zerstört», erklärte mir Ulrich. Wir starrten zu den goldenen Inschriften des Portals hinauf. «IbI steLLa DoMInICI», las ich laut vor. «Ich kann kein Latein. Weißt du, was das heißt?» «Wo hast du denn dein Abitur gemacht?» Ulrich sah mich erstaunt an. «‹IbI steLLa DoMInICI› heißt ‹Dort ist der Stern des Herrn, und die andere Inschrift ‹sanCta MarIa regIna rosarII DepreCare pro nobIs› bedeutet ‹Heilige Maria, Königin des Rosengartens, bitte um Gnade für uns››», belehrte er mich.

Mir fiel auf, dass einige der Buchstaben in den Inschriften größer waren als die anderen. Ich wies Ulrich darauf hin, und er erwiderte: «Die beiden Inschriften sind Chronogramme. Das sind Spielereien, die jahrhundertelang in ganz Europa verbreitet waren. Du weißt doch, dass die römischen Zahlen durch Buchstaben ausgedrückt werden. Das I steht für 1, das V für 5, das X für 10, das L für 50, das D für 500 und das M für 1000. In einem Chronogramm werden nun alle Buchstaben, die auch römische Zahlenzeichen sind, größer geschrieben. Zählt man ihre Werte zusammen, erhält man das Ursprungsjahr der Inschrift.» «Wenn ich dich recht verstehe, heißt das, da in IbI steLLa DoMInICI fünf I, zwei L, ein C, ein D und ein M vorkommen und $5 \cdot 1 + 2 \cdot 50 + 1 \cdot 100 + 1 \cdot 500 + 1 \cdot 1000 = 1705$ ist, dass das Portal im Jahre 1705 gebaut wurde», meinte ich. «Richtig!», antwortete Ulrich. «Du kannst es leicht an der anderen Inschrift überprüfen. Die fünf I, zwei C, das eine D und eine M ergeben auch 1705.»

Kurze Zeit später sagte Ulrich zu mir: «Ich kenne noch eine hübsche Knobelei, die auf Chronogramme zurückgeht. Jede Zahl hat einen chronogrammatischen Wert. Um ihn zu berechnen, schreibst du die Zahl nicht in Ziffern, sondern als Wort aus und zählst dann die Werte der Buchstaben zusammen, die römische Zahlenzeichen sind.» «Du meinst also, dass beispielsweise von 3 = DREI der chronogrammatische Wert gerade 501 ist?», fragte ich. «Ja, genau! Und jetzt die Aufgabe: Es gibt fünf Zahlen, deren chronogrammatische Werte genau gleich den Zahlen selbst sind. Welche Zahlen sind das?»

Den ganzen Rückweg über versuchte ich diese fünf Zahlen zu finden, aber ich entdeckte nur eine, und zwar die 1 = EINS. Ihr chronogrammatischer Wert ist auch 1.

Gelingt es Ihnen, die anderen vier Zahlen zu finden?

57. Die Kanutour

Jeden Sommer mache ich ganz alleine, ohne meine Frau und meine Kinder, für einige Tage eine Tour mit meinem Kanu, um mich von der Hektik des Alltags zu entspannen. Ich suche mir einen schönen Fluss aus, packe Lebensmittel, Kocher, Töpfe, Kleidung, Waschzeug und mein Zelt ins Kanu und genieße das Wochenende ohne Firma, Familie und Fernseher. Den Tag über paddle ich auf dem Fluss, und am Abend schlage ich mein Zelt auf einer ruhigen Wiese am Ufer auf.

In diesem Jahr hatte ich mir die Vechte ausgesucht, einen kleinen Fluss, der durch Norddeutschland und Holland fließt. Am zweiten Tag meiner Fahrt machte ich mittags in der Nähe einer schmalen Brücke Rast und kochte mir am Ufer meine Linsensuppe. Nach dem Essen trank ich noch ein Glas Wein und döste dann in der Sonne ein.

Es war schon drei Uhr, als ich wieder wach wurde. Schnell warf ich meine Sachen ins Kanu, stieß mich vom Ufer ab und paddelte los. Da ich gegen die Strömung fuhr, kam ich aber nur langsam voran. Ich war schon wieder eine halbe Stunde unterwegs, als ich am Ufer einen Mann bemerkte, der wild mit den Armen gestikulierte und mir etwas zurief. Da ich ihn nicht verstand, paddelte ich näher. «Sie haben vorhin, als Sie gerade in Ihr Kanu gestiegen waren, eine Weinflasche verloren. Ich habe es von der Brücke aus gesehen und bin Ihnen nachgegangen», sagte er. «Mein guter 88er Château Lagrave-Paran!», entfuhr es mir. «Es ist die einzige Flasche, die ich mithabe, und sie ist noch fast voll.» Rasch bedankte ich mich, wendete und paddelte stromabwärts, um meinen teuren Wein wiederzufinden.

Ich hatte Glück: Zwei Flussbiegungen hinter der Brücke, bei der ich gerastet hatte, trieb sie gemächlich im Wasser, und ich konnte sie ohne Mühe auffischen. Dann wendete ich wieder mein Kanu und warf einen Blick auf meine Uhr: Die Flasche hatte ziemlich lange im Fluss gelegen, aber glücklicherweise hatte ich sie gut verkorkt, und es war kein Tropfen Wasser eingedrungen.

Wissen Sie, wie lange die Flasche im Wasser gelegen hatte? Der Fluss floss mit einer Geschwindigkeit von 2 km/h, und ich war die ganze Zeit über mit einer konstanten Geschwindigkeit von 5 km/h relativ zum Wasser gepaddelt. Sie dürfen außerdem annehmen, dass das Gespräch und das Wendemanöver keine Zeit gekostet haben.

58. Die Knickpyramide

Als ich vor einigen Jahren meinen Urlaub in Ägypten verbrachte, haben mich die Pyramiden am meisten fasziniert. Durch ihre Größe und ihre einfache geometrische Form übten sie eine Ausstrahlung auf mich aus, der ich mich nicht entziehen konnte. Ich kam mir winzig klein vor, als ich in der glühenden Sonne vor dem riesigen Steinmassiv der Cheopspyramide stand und zur Spitze hinaufsah. Beinahe ehrfürchtig musste ich an ihre Erbauer denken, die vor fast 5000 Jahren mit den einfachsten Werkzeugen die Steinquader zurechtschlugen und aufeinander türmten.

Die drei großen Pyramiden von Gizeh sind zwar die bekanntesten, aber nicht die einzigen. Es gibt noch etwa neunzig weitere Pyramiden in Ägypten, und alle haben verschiedene Formen und Größen, einige sind unvollendet und manche bereits wieder zerstört. Ich habe die meisten von ihnen besucht. Eine kleine Kuriosität unter den Pyramiden ist die Knickpyramide in Dahschur. Sie entstand, wie mein Reiseführer schreibt, um 2500 vor Christus unter der Herrschaft des Pharaos Snofru. Es ist eine relativ große Pyramide mit einem quadratischen Grundriss von 189 Metern Seitenlänge. Ihr Böschungswinkel beträgt 55 Grad. In 35 Metern Höhe haben die Erbauer den Böschungswinkel auf 43 Grad verringert. Dadurch erhalten die vier Seitenflächen Knicke, die der Pyramide ihren Namen gegeben haben. Man hat viel herumgerätselt, warum die Erbauer dieser Pyramide in ihrem oberen Teil den flacheren Böschungswinkel gewählt haben. Der wahrscheinlichste Grund ist wohl, dass sie es plötzlich eilig hatten, mit dem Bau fertig zu werden, und darum Material sparen wollten.

Ich konnte mir nicht vorstellen, dass durch diesen kleinen Knick sich das Pyramidenvolumen wirklich deutlich verringert hatte. Mein Reiseführer konnte mir darüber keine Auskunft geben, also versuchte ich es am Abend in meinem Hotel selbst auszurechnen. Natürlich hatte ich weder eine Formelsammlung noch einen Taschenrechner in meinem Reisegepäck, und so gab ich es nach einigen erfolglosen Versuchen bald auf.

Wissen Sie, wie viel Prozent des Baumaterials dadurch eingespart wurde, dass die Erbauer der Pyramide ihr in 35 Metern Höhe den Knick verpasst haben?

59. Der Heuvorrat

Es war ein heißer Sommertag, und ich hatte mir den Nachmittag von der Arbeit frei genommen. Da meine Frau mit den Kindern ins Freibad gefahren war, machte ich einen Spaziergang durch die Wiesen und Felder vor unserem Dorf. Bei einer Bank, die im Schatten einer hohen Esche stand, machte ich Rast. Nach einiger Zeit kam ein alter Mann, den ich flüchtig kannte, auf meine Bank zu und fragte: «Darf ich mich zu Ihnen setzen?»

Lange Zeit beobachteten wir schweigend die Bauern, die auf den Wiesen ihr Heu wendeten. Schließlich sagte der alte Mann: «Wenn das Wetter nicht umschlägt, gibt es dieses Jahr eine gute Heuernte.» Ich nickte, und nach einer Pause fuhr er fort: «Früher hatte ich auch einen Hof. Und ich erinnere mich noch gut an den Sommer 1946 und den darauf folgenden Winter.» Gedankenverloren starrte er in die Ferne und seufzte. «Ich war noch jung und hatte mich mit dem Wetter verkalkuliert. Nachdem ich meine Wiesen gerade gemäht hatte, regnete es tagelang, und ein großer Teil des Grases verfaulte. Aber ein Unglück kommt selten allein. Im Herbst schlug bei einem Gewitter ein Blitz in meinen Heuschober, und er brannte völlig aus. Ich konnte nur einen ganz kleinen Teil meines Heus retten.»

Der alte Bauer begann sich langsam und umständlich eine Pfeife zu stopfen. Dann nahm er seine Erzählung wieder auf. «Das Problem war nun: Wie sollte ich meine Tiere durch den Winter bringen? Ich hatte drei Kühe, drei Schafe und drei Ziegen, und ich überlegte, ob ich nicht einige davon verkaufen sollte. Hätte ich die Ziegen abgeschafft, hätte das Heu für 45 Tage gereicht, ohne die Schafe hätte es für 60 Tage und ohne die Kühe für 90 Tage gereicht.» «Und was haben Sie gemacht?», fragte ich gespannt. «Tja», sagte der Mann, «da ich für mindestens fünf Monate Heu brauchte, hätte ich die meisten Tiere verkaufen müssen. Das wollte ich nicht, also behielt ich sie alle. Futter zukaufen konnte ich in den ersten Nachkriegsjahren nicht, also hoffte ich auf mein Glück. Und das kam auch genau rechtzeitig. Ich hatte gerade die letzte Gabel Heu verfüttert, als mich ein Nachbar besuchte und mir erzählte, er habe sein ganzes Vieh verkauft und wolle in die Stadt ziehen, um in einer Fabrik zu arbeiten. Er gab mir alles Heu, das er noch in seinem Schober hatte, für einen sehr niedrigen Preis, und so konnte ich alle meine Tiere durch den Winter füttern.»

«Wie lange hatte ihr eigenes Heu eigentlich gereicht?», wollte ich wissen. Daran konnte sich der alte Bauer jedoch nicht mehr erinnern.

Wissen Sie, für wie viele Tage es gereicht hatte?

60. Das Geschenk

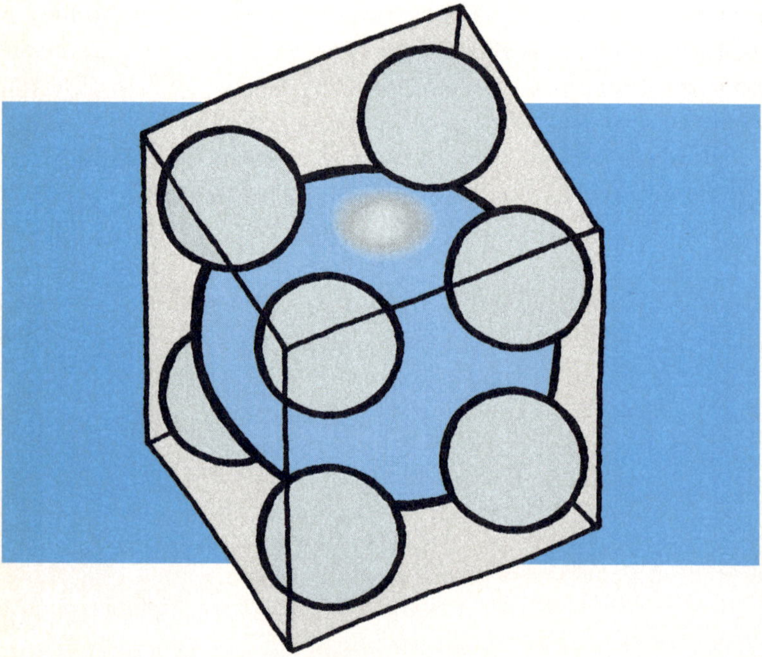

Meine Tante Rosa hatte am letzten Montag Geburtstag, und ich hatte es völlig vergessen und sie weder angerufen noch ihr geschrieben. Erst am Freitag fiel es mir plötzlich wieder siedend heiß ein. Mit einem schlechten Gewissen machte ich mich auf den Weg in die Stadt, um ihr ein Geschenk zu kaufen und es ihr nachträglich zum Geburtstag zu schicken.

Es ist nicht leicht, für meine Tante ein Geschenk zu finden. Sie besitzt schon alles, was man sich wünschen kann, und die Fensterbänke, Regale, Schränke, Kommoden und Tische ihres Häuschens sind überladen von Nippes und allem möglichen anderen Krimskrams, den ihr ihre zahlreichen Nichten und Neffen zu den verschiedensten Anlässen geschenkt hatten. Meine Suche nach einem passenden Präsent war also nicht leicht, und ich war schon ganz verzweifelt, als ich schließlich in einem Kaufhaus doch noch etwas Hübsches entdeckte. Es war eine feuerrote, dünnwandige Glaskugel, so ähnlich, wie man sie auch als Christbaumschmuck verwendet, nur sehr viel größer. An einer Stelle hatte die Kugel eine gut daumendicke Öffnung. Die Verkäuferin sagte mir, dass man die Glaskugel auf einen Stab stecken und in das Blumenbeet des Vorgartens stellen solle. Das sehe sehr schön aus.

Als ich wieder zu Hause war, überlegte ich, wie ich die Kugel am besten verpacken könnte, damit sie auch heil bei meiner Tante ankäme. Im Keller fand ich einen würfelförmigen Packkarton von 30 cm Kantenlänge. Meine Glaskugel hatte jedoch nur einen Durchmesser von 28 cm. Damit sie beim Transport nicht herumrollen und zerschellen konnte, setzte ich in jede der acht Ecken des Kartons eine Styroporkugel. Sie hatten alle den gleichen Durchmesser und waren gerade so groß, dass die Glaskugel nun fest in dem Pappkarton steckte und ich das Paket bedenkenlos zur Post bringen konnte.

Wissen Sie, welchen Durchmesser die Styroporkugeln hatten?

61. Die Affen

Meine Kinder lieben Tiere, und deshalb fahren wir oft in den Zoo. Auch am Sonntag bettelten die drei wieder: «Bitte, Papi, können wir nicht in den Tierpark gehen?» Ich ließ mich erweichen, obwohl ich lieber den Nachmittag auf dem Liegestuhl im Garten verbracht hätte. «Dürfen wir auch die Affen füttern?», fragte Christina. Ich hatte nichts dagegen, und darum packten wir einen großen Beutel Erdnüsse ein und machten uns dann auf den Weg. Im Zoo angekommen, rannten Christina, Matthias und Sarah mit dem Erdnussbeutel sofort los, ohne mir auch nur ein Wort zu sagen, wohin sie wollten. Aber das war auch nicht nötig, ich kannte ohnehin ihr Ziel. Bei jedem unserer Zoobesuche liefen die drei nämlich zuerst zum Affenhaus und beobachteten dort immer lange Zeit fasziniert das Treiben der Tiere und fütterten sie zwischendurch mit Erdnüssen. Ich trottete also langsam in Richtung Affenhaus und schaute mir die Tiere in den Gehegen und Käfigen an, an denen ich vorbeikam. Als ich dann nach einer Viertelstunde auch beim Affenhaus angelangt war, saßen meine Kinder auf einer Bank mit dem Rücken zu den Käfigen und sahen sehr nachdenklich aus.

«Was ist denn mit euch los?», fragte ich. «Wir wollten die Nüsse gerecht unter den Affen aufteilen, aber es geht nicht», sagte Sarah. «Im ersten Käfig sind 11 Schimpansen, im zweiten 13 Paviane und im dritten 17 Gibbons», ergänzte Christina. «Wenn wir jedem Affen die gleiche Anzahl Nüsse geben, so bleiben ein paar davon übrig. Aber auch wenn wir nur den Schimpansen und den Pavianen oder nur den Schimpansen und den Gibbons oder nur den Pavianen und den Gibbons die Erdnüsse geben, bleiben jeweils welche übrig.» «Verteilt doch die Nüsse nur in einem Käfig», schlug ich vor. «Das geht auch nicht», sagte Matthias. «Wenn wir die Nüsse unter den Schimpansen aufteilen, bleibt eine Nuss übrig, verteilen wir sie an die Paviane, bleiben acht Nüsse übrig, und bei den Gibbons bleiben drei übrig.» Ich dachte kurz nach und sagte dann: «Ich habe eine Idee. Ihr verteilt die Nüsse so weit es geht an alle Affen, und die restlichen Erdnüsse esse ich.»

«Einverstanden, Papi», meinte meine jüngste Tochter, «dann bist du unsere vierte Affenart.»

Meine Kinder hatten die kleinstmögliche Anzahl Erdnüsse in ihrem Beutel, die diese Bedingungen erfüllt. Wissen Sie, wie viele Nüsse es waren?

62. Der Spiegel

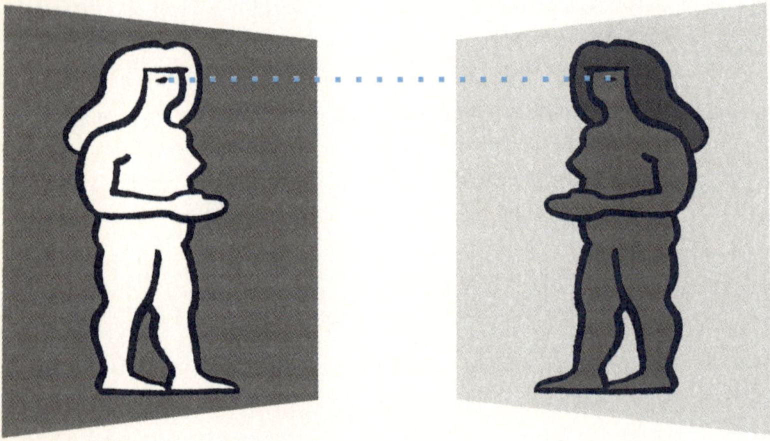

Meine Frau wird immer eitler. In all den Jahren, in denen wir verheiratet sind, hatte ihr immer unser Badezimmerspiegel genügt, um sich darin zu betrachten. Aber seit einigen Wochen war er plötzlich nicht mehr gut genug. «In unserem Badezimmerspiegel kann ich nur mein Gesicht und meine Schultern sehen», nörgelte sie. Ich selbst brauche nur zum Rasieren einen Spiegel und verstand nicht, was sie wollte. «Ja, reicht das denn nicht?», fragte ich deshalb erstaunt. «Ich möchte einen hohen Wandspiegel haben, in dem ich mich ganz, vom Scheitel bis zur Sohle, sehen kann», forderte sie. Ich sah das zwar nicht ein, aber aus langjähriger Erfahrung wusste ich, dass meine Frau immer bekommt, was sie will. Um nicht völlig kampflos aufzugeben, brachte ich noch einige Argumente gegen den Spiegel vor, aber meine Frau schmetterte sie alle ab. «Du willst doch auch, dass ich hübsch aussehe, darum müssen wir einen Wandspiegel haben», sagte sie mit Nachdruck. Ich gab auf.

Am nächsten Tag gingen wir in ein Möbelgeschäft, um einen Spiegel zu kaufen. «Wir hängen ihn im Schlafzimmer auf, und er muss zu unserem

Fichtenholzschrank passen», sagte meine Frau zu dem Verkäufer. Der Mann führte uns in einen Raum, an dessen Wänden Spiegel aller Größen und Formen hingen. Langsam gingen wir durch den Raum, bis meine Frau vor einem Spiegel mit einem Fichtenholzrahmen stehen blieb, der mindestens zwei Meter hoch war und vom Fußboden bis fast zur Decke reichte. «Den nehmen wir», entschied sie. Ich warf einen Blick auf das Preisschild und bekam einen Schreck: Dass Spiegel so teuer sein können, hatte ich nicht erwartet. «Meinst du nicht, dass es auch ein etwas kleinerer Spiegel tut?», fragte ich und deutete dabei verstohlen auf das Preisschild. «Ja, vielleicht. Aber ich will mich trotzdem ganz in dem Spiegel sehen können», antwortete sie. «Du bist 1,68 m groß. Wenn wir den Spiegel in der optimalen Höhe aufhängen, wie groß muss er dann sein?», überlegte ich halblaut. «Das weiß ich nicht. Überleg es dir oder kauf den großen Spiegel», erwiderte meine Frau etwas schnippisch.

Wenn es ums Geld geht, funktioniert mein Verstand ganz gut, und ich hatte die Mindestgröße des Spiegels schnell errechnet. Zu unserem Glück hatte das Möbelgeschäft dann auch noch einen Spiegel mit diesen Maßen vorrätig.

Wissen auch Sie, wie groß ein Spiegel mindestens sein muss, in dem sich meine Frau vollständig sehen kann?

63. Die Dominosteine

Mein Sohn schien sich zu langweilen. Er ging von einem Raum in den anderen, begann ein kurzes Gespräch mit mir, dann eines mit meiner Frau und ließ sich schließlich in einen Sessel fallen und starrte missmutig aus dem Fenster. «Spiel doch mit deiner Eisenbahn», schlug ich ihm vor. Aber dazu hatte er keine Lust. «Dann bau etwas aus Legosteinen.» «Ich weiß aber nicht, was ich bauen soll», nörgelte er. Ich gab auf und vertiefte mich wieder in meine Zeitung.

Nach einiger Zeit endlich ging er zum Schrank, holte die Spielesammlung hervor und nahm sich die Dominosteine heraus. Dann begann er aus den 28 Steinen Türme, Häuser und Treppen zu bauen, Muster, die einem Mandala ähnelten, zu legen und schließlich die Steine zu immer neuen Rechtecken anzuordnen.

Kurz vor drei Uhr sagte meine Frau zu Matthias: «Gleich kommen die Schuberts zum Kaffee. Würdest du bitte deine Dominosteine wegpacken? Ich möchte jetzt den Tisch decken.» «Gerade jetzt, wo ich ein besonders schönes Zahlenmuster aus den Steinen gelegt habe. Das bekomme ich nie wieder so hin. Könnt ihr nicht am Küchentisch euren Kaffee trinken?», maulte Matthias. Ich sah meiner Frau an, dass sie begann, sich über unseren Sohn zu ärgern. Da ich keine Lust auf einen Familienstreit hatte, sagte ich: «Ich mache dir einen Vorschlag. Ich zeichne dein Dominosteinmuster auf ein Blatt Papier, und nach dem Kaffee lege ich die Steine wieder genau so auf den Tisch, wie sie jetzt liegen.» Mein Sohn, der wohl spürte, dass er besser nachgab, war einverstanden.

Ich nahm mir also Bleistift und Papier und zeichnete ein Raster von $7 \cdot 8$ Quadraten auf das Blatt. In die Felder trug ich die Punktezahl der einzelnen Dominosteinhälften ein.

Als ich zwei Stunden später das Dominomuster rekonstruieren wollte, merkte ich, dass ich in meiner Skizze vergessen hatte, die Ränder der einzelnen Steine zu markieren. Ich versuchte es trotzdem, aber immer wieder blieb ich nach kurzer Zeit stecken. «Verflixt! Es muss doch gehen», schimpfte ich. Matthias, der mir über die Schulter geschaut hatte, fragte: «Klappt's nicht, Papa? Soll ich dir helfen?» Nun versuchten wir es gemeinsam und schafften es auch tatsächlich nach vielen Versuchen.

In jeder der Zeilen des Zahlenrechtecks liegen einige Dominosteine mit beiden Feldern und andere nur mit einem Feld. Wie viele Steine liegen mit beiden Feldern in der obersten Zeile?

64. Das Schachturnier

Der Schachclub «Weißer König» unseres Ortes wurde zehn Jahre alt. Das war für seine zweiundzwanzig Mitglieder Grund genug, ein großes Jubiläumsfest zu feiern.

Die Vorbereitungen liefen auf Hochtouren. Für den Nachmittag des Festtages waren Kinderbelustigungen mit Ballspielen, Sackhüpfen und Ponyreiten geplant. Für die Erwachsenen sollten ein Bierausschank und eine Kuchentafel aufgebaut werden, und am Abend sollte es ein kaltes Büfett und anschließend Tanz geben. Die Musiker waren schon bestellt. Doch der eigentliche Höhepunkt des Jubiläumsfestes sollte am späten Nachmittag stattfinden: das große Preisturnier der Clubmitglieder. Über den Ablauf des Turniers jedoch hatte sich das Festkomitee noch nicht geeinigt.

«Ich schlage vor, dass jedes Mitglied gegen jedes andere Mitglied einmal spielt», sagte mein Nachbar Sigi Schubert, der der Vorsitzende des Clubs war. «Wir können dazu einige Spieltische in der Mitte des Saals aufstellen. Dann können alle Gäste unseres Festes zusehen.»

«Und wer soll einen Preis bekommen?», wollte Alfred Verst wissen.

«Darüber habe ich auch schon nachgedacht», antwortete Sigi Schubert. «Um das Turnier spannender zu machen, soll der Gewinner jedes einzelnen Spiels fünfzig Euro bekommen. Bei einem Remis erhalten beide Spieler je fünfundzwanzig Euro.» Reinhold Johnen, der Kassenführer des Clubs, runzelte die Stirn und fing an zu rechnen. «Da wir nicht im Voraus wissen können, wie viele Spiele gewonnen werden und wie viele mit einem Remis enden, ist es schwer festzustellen, wie teuer dieses Turnier für die Clubkasse wird.»

«Du irrst dich», erwiderte mein Nachbar. «Ich kann dir genau sagen, wie viel Geld das Turnier kosten wird.»

Hatte der Vorsitzende des Schachclubs Recht, und wenn ja, wie viel Geld musste der Kassenführer für das Preisturnier ausgeben?

65. Die Zahlenreihe

Computer sind für mich immer ein Buch mit sieben Siegeln geblieben. Ich hatte auch nie vor, dagegen etwas zu tun, und war der festen Überzeugung, mein Berufsleben noch mit Schreibmaschine, Taschenrechner und Karteikasten meistern zu können. Vor vier Wochen hatte ich aber ein Erlebnis, das meine Meinung grundlegend geändert hat.

In der Schule, die meine dreizehnjährige Tochter besucht, gab es einen Tag der offenen Tür. Stolz führte mich Christina durch das Gebäude und zeigte mir die Klassenzimmer. In einem Raum standen mehrere Computer, vor denen Kinder saßen. «Können die damit etwa umgehen?», fragte ich verwundert meine Tochter. «Ja natürlich, Papa», antwortete sie mir, setzte sich an einen freien Computer und begann zu tippen. Auf dem Monitor erschienen Graphiken, Texte und Symbole und verschwanden wieder. «Siehst du, ich kann es auch.»

Am nächsten Tag habe ich mir einen gebrauchten PC gekauft und mich bei der Volkshochschule für einen Computerkurs für Anfänger angemeldet, denn ich wollte mir nicht die Blöße geben, dass dreizehnjährige Kinder besser mit Computern umgehen können als ich.

Zurzeit lerne ich die Programmiersprache Pascal und verbringe meine Freizeit damit, die vom Dozenten gestellten Programmieraufgaben an meinem PC zu lösen.

Vor einigen Tagen saß ich wieder einmal den ganzen Abend vor meinem Computer. «Geschafft!», seufzte ich schließlich zufrieden, als meine Tochter ins Zimmer kam. «Was hast du geschafft?», fragte sie. «Mein Programm ist fertig», antwortete ich. «Schau, der Computer fordert dich auf, zwei beliebige Zahlen a_1 und a_2 einzugeben und anschließend noch eine dritte Zahl n, die jedoch positiv und ganzzahlig sein muss. Nun berechnet das Programm die Zahlenreihe a_1, a_2, a_3 usw. bis a_n. Dabei wird, von den beiden ersten Zahlen einmal abgesehen, eine Zahl immer dadurch berechnet, dass von der Vorgängerzahl die Vorvorgängerzahl abgezogen wird. Beispielsweise ist

$a_7 = a_6 - a_5$. Anschließend werden alle Zahlen von a_1 bis a_n zusammengezählt, und das Ergebnis wird auf dem Monitor angezeigt. Versuch's doch mal!» Christina setzte sich und tippte zuerst die Zahlen 5,11 und 19,55 ein und anschließend als dritte Zahl 60 000 000. Da der Computer sechzig Millionen Zahlen zu berechnen und zu addieren hatte, mussten wir eine Weile auf das Ergebnis warten. Während der Computer noch arbeitete, sagte meine Tochter plötzlich: «Ich kann schneller rechnen als dein PC. Ich kenne das Ergebnis schon.» Sie nannte mir eine Zahl. «Witzbold!», sagte ich nur, aber als einige Sekunden später auf dem Monitor tatsächlich die von Christina vorausgesagte Zahl erschien, war ich doch sehr verblüfft.

Kennen auch Sie das Ergebnis?

66. Der Erfinder

Er war eigentlich ein recht unscheinbarer Mann und sah keineswegs so aus, wie ich mir einen Erfinder vorgestellt hatte. Bereitwillig führte er mich durch seine Werkstätten und Labors und zeigte mir die Erfindungen aus den letzten Jahren.

«An diesem Gerät hier arbeite ich im Augenblick.» Er blieb vor einer kleinen Maschine in einem grauen Aluminiumgehäuse mit einer Zahlentastatur und mit vielen Knöpfen und Anzeigen stehen. «Es ist ein Zufallszahlengenerator, der mit Hilfe des weißen Rauschens arbeitet», erklärte er.

Ich war nicht sonderlich beeindruckt von dieser Maschine, aber das lag wohl daran, dass mir nicht so recht klar war, wozu man einen Zufallszahlengenerator eigentlich gebrauchen konnte. Also fragte ich ihn danach. «Es gibt sehr viele Anwendungen in der Technik und in der Forschung, aber ich will Ihnen ein Beispiel aus einem ganz anderen Bereich nennen. Sie kennen doch aus dem Fernsehen diese altmodische Maschine für die Ziehung der Lottozahlen. Dies könnte man mit meinem Zufallszahlengenerator viel einfacher haben.»

Er schaltete die Maschine ein. «Ich kann mit dieser Tastatur einen Zahlenbereich einstellen, zum Beispiel von 1 bis 1 000 000 000.» Er tippte die beiden Zahlen in das Gerät ein, und sie erschienen auf der Anzeige. «Wenn man jetzt diesen Knopf drückt, beginnt der Generator zu arbeiten und erzeugt eine völlig zufällige ganze Zahl zwischen 1 und 1 000 000 000. Probieren Sie es ruhig selbst.» Ich drückte auf den Knopf und sofort begannen einige Lampen zu blinken, man hörte jedoch nichts. Einen Moment später zeigte die Anzeige eine Zahl. Sie lag tatsächlich zwischen 1 und 1 000 000 000. «Wenn Sie jetzt ein zweites Mal auf den Knopf drücken, erzeugt der Generator eine weitere Zufallszahl zwischen 1 und 1 000 000 000. Die Wahrscheinlichkeit, dass sie gleich der ersten ist, beträgt nur 0,0 000 001 %.» Ich drückte also noch einmal auf den Knopf, und der Generator gab eine zweite Zahl aus. Sie war nicht gleich der ersten.

Auf dem Tisch lag ein Taschenrechner. Ich nahm ihn mir und multiplizierte die beiden Zahlen aus dem Zufallszahlengenerator miteinander. Das Ergebnis überraschte mich. «Das Produkt der beiden Zahlen ist genau 1000000000», sagte ich zu dem Erfinder. «Und seltsamerweise ist keine ihrer Ziffern eine Null, während ihr Produkt sogar neun Nullen enthält.»

Wissen Sie, welche beiden Zahlen der Zufallszahlengenerator ausgegeben hat?

67. Der Piratenschatz

Mein Schwager Klaus fährt zur See. Als er nach seiner letzten großen Fahrt bei uns zum Kaffee war, begann er, eine schier unglaubliche Geschichte zu erzählen.

«Der Urgroßvater unseres Steuermanns war Jim Hawkins. Und von ihm weiß ich, dass Hawkins' Schatzsuche etwas anders verlaufen ist, als Stevenson es in seinem Buch berichtet.» Klaus machte eine Pause, trank einen Schluck Kaffee und spann dann sein Seemannsgarn weiter.

«Nach wochenlanger Reise hatten Jim Hawkins und seine Freunde die kleine Insel in der Südsee erreicht. Sie war nicht schwer zu finden gewesen. Captain Flint hatte mit roter Tinte in seiner korrekten, steilen Handschrift die exakte geographische Länge und Breite auf der Karte angegeben.

Aber der schwerste Teil der Reise begann erst dann. Sie mussten von der Küste ins Innere der Insel. Die genaue Lage des Verstecks des Piratenschatzes war zwar auf der Karte eingezeichnet, aber es gab keinen Hinweis auf den Weg dorthin. Mehrere Tage kämpften sie sich durch die tropischen Sümpfe und den Dschungel. Endlich erreichten sie die Bergkuppe mit dem riesigen, alten, vom Blitz gespaltenen Feigenbaum. Hier sollte der Eingang zur Schatzhöhle sein. Sie fanden ihn auch nach einigem Suchen.

Nachdem sich ihre Augen an die Dunkelheit gewöhnt hatten, sahen sie sie vor sich: eine hölzerne, mit Eisen beschlagene Truhe – der Schatz des Piratenkapitäns Flint. In fiebernder Hast brachen sie das Schloss auf und öffneten den Deckel. Aber die Truhe war leer, der Schatz war fort! Die Enttäuschung trieb ihnen Tränen in die Augen. Die monatelange Vorbereitung und die mühevolle Reise, alles war umsonst gewesen.

Da entdeckte Jim am Boden der Truhe ein Stück Pergament. Die Schrift war stark verblasst, aber man konnte noch entziffern, dass die Piratenbande, bevor sie die Insel verließ, den millionenschweren Dukatenschatz zu gleichen Teilen unter sich aufgeteilt hatte. Dieses Pergament war die Abrechnung. Auch die Rechnung selbst war unleserlich geworden, aber man konnte zumindest noch erkennen, wo eine Ziffer gestanden hatte.»

Klaus zog einen Zettel aus der Tasche. «Dies ist eine Abschrift des Pergaments. Ich habe jede Stelle, an der eine Ziffer stand, durch ein Sternchen gekennzeichnet. Nun überlegt euch einmal, wie viele Mitglieder die Piratenbande Captain Flints hatte.»

Wissen Sie es?

68. Der letzte Wille

In meiner Nachbarschaft lebte ein armer, alter Mann einsam in einer kleinen Zweizimmerwohnung. Da sich niemand um ihn kümmerte, machte ich hin und wieder Besorgungen für ihn und trug ihm seine Einkaufstaschen die Treppen hinauf.

Er war lange krank gewesen, und einige Tage bevor er starb, rief er mich zu sich und sagte: «Mein ganzes Leben lang habe ich jeden Euro, den ich entbehren konnte, gespart. Nach etlichen Jahren hatte ich hundert Euro zusammen, die ich dann in einer Kassette auf dem Dachboden dieses Hauses versteckte. Ich sparte weiter, und immer, wenn ich wieder hundert Euro zusammen hatte, legte ich sie in die Kassette auf dem Dachboden. So kamen auch bald die zweiten, dritten und vierten hundert Euro zusammen, dann wurde das Sparen schwieriger. Ich hoffte, bis zu meinem Tod tausend Euro sparen zu können, aber das ist mir leider nicht gelungen.»

Der alte Mann war vom Sprechen erschöpft. Sein Atem ging nur noch stoßweise, und er schloss die Augen. Nach einiger Zeit sprach er mit leiser Stimme weiter. «Bitte tun Sie mir noch einen letzten Gefallen. Ich habe nur einen einzigen Verwandten: einen noch nicht volljährigen Enkel. Ich möchte, dass Sie ihn an seinem nächsten und an jedem darauf folgenden Geburtstag aufsuchen und ihm so viele meiner gesparten Eurostücke geben, wie sein jeweiliges Alter beträgt. Bei Ihrem letzten Besuch bei meinem Enkel wird das Geld gerade aufgebraucht sein.»

«Das ist ein seltsames Testament», meinte ich, «aber ich werde mich genau daran halten. Lassen Sie mich einmal überlegen, wie oft ich Ihren Enkel besuchen muss.» Ich rechnete hin und her, trotzdem musste ich ihm nach einer Weile sagen: «Um es herauszubekommen, brauche ich das augenblickliche Alter Ihres Enkels.» Der alte Mann nannte es mir, und ich dachte einige Minuten über die Antwort nach. «Jetzt weiß ich, wie oft ich Ihrem Enkel an seinen Geburtstagen Geld bringen werde. Sie können sich darauf verlassen, dass alles nach Ihrem Wunsch geschehen wird.»

Wie oft muss ich dem Enkel des alten Mannes an dessen Geburtstag Geld bringen? Sie können davon ausgehen, dass ich bei dem Gespräch mit dem alten Mann keine logischen oder mathematischen Fehler gemacht und auch nichts übersehen habe.

69. Teilbarkeitswahrscheinlichkeit

Vor einigen Jahren besuchte ich einen ehemaligen Klassenkameraden, der Mathematikprofessor an einer bekannten amerikanischen Universität geworden war.

Wir hatten uns schon, seitdem er Deutschland verlassen hatte, nicht mehr gesehen, und er stellte mir seine Frau vor und zeigte mir sein neues Haus mit allen Räumen.

Im Kinderzimmer saß sein knapp fünfjähriger Sohn auf dem Boden und spielte mit kleinen, quadratischen Kunststoffplättchen, die alle mit einer Ziffer oder mit einem mathematischen Symbol bedruckt waren. «Findest du nicht, dass dein Sohn noch etwas zu jung für die Mathematik ist?», fragte ich meinen Gastgeber. «Es gibt so viel in der Mathematik zu lernen, dass man nicht früh genug damit anfangen kann», antwortete er. «Ian kann schon das kleine Einmaleins.» Man hörte es seiner Stimme an, wie stolz er darauf war. «Aber wir wollen sehen, ob du noch nicht alle deine Mathematikkenntnisse vergessen hast.»

Ich zuckte zusammen. Mein Freund hatte schon während unserer Schulzeit seine Klassenkameraden mit kniffligen mathematischen Problemen geärgert, und er schien sich nicht geändert zu haben. «Sieh dir diese Zahl an!», sagte er. Sein Sohn hatte achtundzwanzig Plastikplättchen, auf denen jeweils eine Ziffer stand, aneinander gereiht, und so war eine achtundzwanzigstellige Zahl entstanden. «Ich nehme jetzt einige Ziffern heraus.» Er entfernte aus der Ziffernreihe zehn Plättchen: eine Null, eine Eins, eine Zwei, eine Drei, eine Vier, eine Fünf, eine Sechs, eine Sieben, eine Acht und eine Neun. Zurück blieb folgende lückenhafte Zahl:

5_383_8_2_936_5_8_203_9_3_76

«Wenn ich jetzt die zehn Ziffern in einer völlig zufälligen Reihenfolge wieder in die Lücken dieser Zahl setze, wie groß ist die Wahrscheinlichkeit, dass sie dann durch 396 teilbar ist?»

Ohne Taschenrechner bin ich bei solchen Aufgaben völlig hilflos, und deshalb musste ich auch bei der Frage meines Freundes passen.

Können Sie sie beantworten?

70. Das Problem des Händeschüttelns

Die Zeiten ändern sich und auch die Sitten. Als ich ein kleiner Junge war, hieß es immer, wenn meine Eltern Besuch bekamen: «Gib dem Onkel schön die Hand!», und wehe mir, wenn ich mich weigerte. Zu einer Begrüßung gehörte immer ein Händeschütteln. Und heute?

Zu meinem letzten Geburtstag hatten meine Frau und ich drei befreundete Ehepaare eingeladen. Einer unserer Gäste, ein verkrachter Philosophiestudent im neunzehnten Semester, hob zur Begrüßung nur lässig seine rechte Hand bis in etwa Hüfthöhe, spreizte Zeige- und Mittelfinger zu einem V und sagte: «Hey Alter! Wo steht das Bier?» Ich möchte nicht als altmodisch gelten, aber mir sind doch Gäste lieber, die mich mit einem freundlichen Handschlag begrüßen und meiner Frau einen Strauß Blumen mitbringen.

So kam auch prompt im Laufe des Abends das Gespräch auf dieses Thema. Ich fragte jeden meiner Gäste und auch meine Frau, wie viele Hände sie bei meiner Feier geschüttelt hatten. Zu meiner Überraschung waren alle

Antworten verschieden. Natürlich hatte niemand seinem Ehepartner oder sich selbst die Hand gegeben oder jemanden mehrmals begrüßt. Auch die Ansichten über die Begrüßung per Handschlag gingen weit auseinander. So meinte zum Beispiel Gertrud, eine ehemalige Biologielehrerin, dass Händeschütteln sehr unhygienisch sei, und sie gebe nur Leuten die Hand, die ihr ihre entgegenstrecken. Und wenn sich die Gelegenheit böte, würde sie sich anschließend die Hände waschen.

Wissen Sie, wie vielen Gästen meine Frau zur Begrüßung die Hand gab?

Lösungen

1. Alice im Knobelland

Im Reich des weißen Königs gab es nur ein einziges Feld mit einem ‹G›, auf dem der Weg des Königs enden konnte. Es ist aus diesem Grund am bequemsten, ihn rückwärts laufen zu lassen und mit dem ‹G› zu beginnen.

Man kann jetzt, vom ‹G› ausgehend, alle möglichen Wege des Königs in die Figur einzeichnen und sie dann abzählen. Aber es gibt einen bequemeren Weg.

Man betrachtet zuerst nur die mittlere Spalte und die linke Hälfte des Brettes. Beginnend mit dem ‹G› gibt es bei jedem Rückschritt zwei Möglichkeiten, ein Feld mit dem richtigen Buchstaben zu betreten. Bei fünf Buchstaben sind das vier Schritte und somit $2 \cdot 2 \cdot 2 \cdot 2 = 16$ verschiedene Wege.

Genauso viele Wege erhält man, wenn man nur die mittlere Spalte und die rechte Hälfte des Brettes betrachtet. Da es für den König keine Möglichkeit gibt, wenn er einmal die mittlere Spalte verlassen hat, wieder dorthin zurückzukommen oder gar die Bretthälfte zu wechseln, kann man die beiden Wegzahlen einfach addieren. Man muss nur noch 1 abziehen, weil der Weg, der die mittlere Spalte senkrecht hoch führt, doppelt gezählt wurde.

Es gab für den weißen König also insgesamt $2 \cdot 16 - 1 = 31$ verschiedene Wege, das Wort ‹KÖNIG› abzufahren.

2. Die alte Kiesgrube

Man kann in Gedanken den quadratischen Teich des Parks um 45° um seinen Mittelpunkt drehen, ohne dass sich dabei sein Flächeninhalt verändert. Wenn man jetzt noch die beiden Diagonalen des Teichs einzeichnet, fällt einem die Lösung sofort ins Auge: Der gesamte Park besteht aus acht gleichen Dreiecken, der Teich aus vier. Der Teich ist also halb so groß wie der gesamte Park und hat deshalb eine Fläche von zwei Hektar.

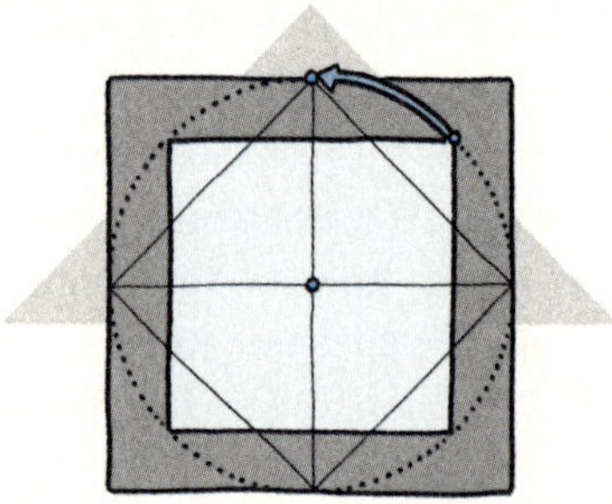

3. Das zersägte Schachbrett

Mit einem Schnitt seiner Fuchsschwanzsäge konnte Matthias, wenn er alle bisherigen Bruchstücke des Schachbretts übereinander legte, jedes Teil in zwei neue zersägen. Die Anzahl der Teile verdoppelte sich also bei jedem Sägevorgang. Da $2^6 = 64$ ist, zerfiel das Brett frühestens nach dem sechsten Schnitt in seine vierundsechzig Einzelfelder.

4. Freitag, der 13.

Es gibt in unserem Kalendersystem zwei verschieden lange Jahre, das Gemeinjahr und das Schaltjahr, die sich durch den Schalttag am Ende des Februars voneinander unterscheiden.

In Gemeinjahren fallen die 13. folgender Monate jeweils auf den gleichen Wochentag:

a) Januar und Oktober
b) Februar, März und November
c) April und Juli
d) Mai
e) Juni
f) August
g) September und Dezember

In Schaltjahren sieht es etwas anders aus:

a) Januar, April und Juli
b) Februar und August
c) März und November
d) Mai
e) Juni
f) September und Dezember
g) Oktober

Da sowohl in Gemein- als auch in Schaltjahren die 13. der zwölf Monate sich auf alle sieben Wochentage verteilen, hat jedes Jahr mindestens einen Freitag, den 13. In höchstens drei Monaten im Jahr fällt der 13. auf den gleichen Wochentag, darum ist drei die Maximalzahl der Freitage, die auf einen 13. fallen.

5. Die sechseckige Uhr

Nach einer Idee von Erich Stoklossa aus Nagel löst man diese Aufgabe am einfachsten mit folgender Überlegung: Damit eine Uhr mit einem nackten Zifferblatt immer eine sinnvolle Zeigerstellung hat, muss sie so aufgestellt werden, dass irgendwann im Laufe von zwölf Stunden einmal beide Zeiger gleichzeitig senkrecht nach oben zeigen. Da nun innerhalb von zwölf Stunden der Minuten- und der Stundenzeiger elfmal zur Deckung kommen, also jeweils nach 1 Stunde, 5 Minuten und 27, 27... Sekunden, muss die Uhr auch elfeckig sein. Denn nur dann kann man jede dieser Zeigerstellungen senkrecht nach oben zeigen lassen.

6. Das Rechenbrett

Jede Zahl auf dem Brett soll direkt neben, über oder unter ihrer nächstgrößeren und nächstkleineren Zahl stehen. Das bedeutet, man kann sich die Zahlen von 1 bis 60 als Perlen vorstellen, die in aufsteigender Reihenfolge auf eine Schnur gefädelt sind. Der Abstand der Perlen ist gerade so groß, dass zwei benachbarte Perlen auf zwei benachbarten Feldern des Brettes liegen können. Die Aufgabe ist nun, die Perlenschnur so auf das Brett zu legen, dass auf jedem Feld eine Perle liegt. Fixiert man die Perlen 14, 29 und 46 an den richtigen Stellen, sieht man schnell, es gibt nur eine einzige Möglichkeit, die Schnur auf das Brett zu legen.

Das untere rechte Eckfeld trägt also die Nummer 55.

13	14	29	30	31	32	33	34	35	60
12	15	28	27	26	25	24	23	36	59
11	16	17	18	19	20	21	22	37	58
10	45	44	43	42	41	40	39	38	57
9	46	47	48	49	50	51	52	53	56
8	7	6	5	4	3	2	1	54	55

7. Der Tisch

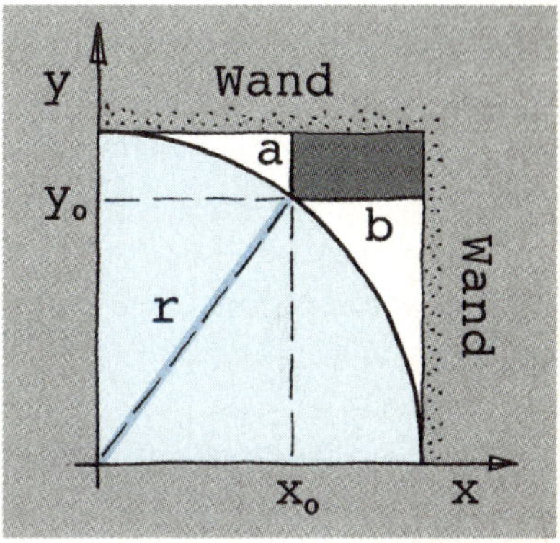

Wir bezeichnen mit $a = 14$ cm und $b = 28$ cm die Seitenlängen des Kabelschacht-Querschnittes und mit r den Radius des Tisches, der so in der Kellerecke stand, dass die Platte die Wände und die Kante des Schachts berührte. Wählt man ein Koordinatensystem, dessen Ursprung in der Tischmitte liegt und dessen Achsen parallel zu den Wänden verlaufen, so gilt für den Rand der Tischplatte die Gleichung $x^2 + y^2 = r^2$.

Da man außerdem den Radius durch $r = x_0 + b$ und $r = y_0 + a$ darstellen kann, ergibt sich daraus $(r-a)^2 + (r-b)^2 = r^2$. Diese quadratische Gleichung hat die beiden Lösungen bzw. $r_{1,2} = a + b \pm \sqrt{2ab}$ bzw. $r_1 = 70$ cm und $r_2 = 14$ cm.

Da der Tischplattenradius natürlich größer sein muss als die Seitenlängen des Kabelschachts, ist nur r_1 sinnvoll.

Die Tischplatte hatte also einen Durchmesser von 140 cm.

8. Die Lutscher

Bezeichnet man den Lutscherpreis des Kiosks mit p und die Anzahl der dort gekauften Lutscher mit n, so gilt die Gleichung $n \cdot p = 216$. Lutscherpreis und Gesamtbetrag sind dabei in Cent gemeint. Für das Lebensmittelgeschäft ist die entsprechende Beziehung $(n + 3)(p - 1) = 216$.

Löst man die erste Gleichung nach p auf und setzt sie in die zweite ein, erhält man $(n + 3)(216/n - 1) = 216$. Die Beziehung ist nur noch von der Anzahl n der gekauften Lutscher abhängig. Durch einige Umformungen wird daraus $n^2 + 3n - 648 = 0$. Diese quadratische Gleichung hat zwei Lösungen $n = 24$ und $n = -27$. Da eine negative Lutscherzahl keinen Sinn macht, muss $n = 24$ die gesuchte Lösung sein. Matthias hatte sich also an dem Kiosk vierundzwanzig Lutscher zu je neun Cent gekauft.

9. Das Würfelskelett

Christinas Würfelskelett bestand aus acht Eckwürfeln und zwölf Kantenwürfeln, die zwischen die Eckwürfel geklebt waren. Bei einem Spielwürfel ist die Summe der Augenzahlen auf zwei sich gegenüberliegenden Seiten immer 7. Das bedeutet, bei jedem Kantenwürfel sind sieben Augen verdeckt. Folglich müssen auch bei den beiden mit einem Kantenwürfel verleimten Eckwürfeln zusammen sieben Augen verdeckt sein. Da jeder der zwölf Kantenwürfel somit vierzehn Augen verdeckt, sind insgesamt 168 Augen unsichtbar. Von den $20 \cdot (1 + 2 + 3 + 4 + 5 + 6) = 420$ Augen der zwanzig Würfel befinden sich also 252 auf frei liegenden Flächen.

10. Die Wanderung

Die beiden Familien benötigten für den Rundweg der Länge s die Zeiten $t_1 = 2$ Stunden und $t_2 = 3$ Stunden und wanderten deshalb mit den Geschwindigkeiten $v_1 = s/t_1$ und $v_2 = s/t_2$. Nach dem Treffen unterwegs entfernten sie sich mit der Geschwindigkeit $v = v_1 + v_2$ voneinander. Zum Schluss, als sie sich auf dem Parkplatz wieder trafen, lag der komplette Rundweg s zwischen ihnen. Angenommen, die Zeit vom Treffen der beiden

Familien unterwegs bis zum Ende der Wanderung betrüge t, dann wäre $v = s/t$. Setzt man die Geschwindigkeiten ein, erhält man $s/t = s/t_1 + s/t_2$ oder $1/t = 1/t_1 + 1/t_2$.

Nach t aufgelöst ergibt dies $t = t_1 \cdot t_2/(t_1 + t_2) = 1{,}2$ Stunden = 1 Stunde und 12 Minuten. Das Treffen fand also um 14.48 Uhr statt.

11. Monate mit fünf Samstagen

Da es Gemeinjahre mit 365 Tagen und Schaltjahre mit 366 Tagen gibt und beide Jahresformen mit einem Montag, Dienstag, Mittwoch, Donnerstag, Freitag, Samstag oder Sonntag beginnen können, sind insgesamt vierzehn verschiedene Kalender möglich. Diese vierzehn Kalender muss man auf die Anzahl der Monate mit fünf Samstagen hin untersuchen. Die Ergebnisse sind in der Tabelle aufgelistet.

Wochentag des 1. Januar:		Mo	Di	Mi	Do	Fr	Sa	So
Anzahl der Monate mit 5 Samstagen:	Gemeinjahr:	4	4	4	4	4	5	4
	Schaltjahr:	4	4	4	4	5	5	4

Jedes Jahr hat also mindestens vier, aber höchstens fünf Monate mit fünf Samstagen.

12. Der Numerologe

Die Reihe auf dem Blatt setzte sich nur aus den Zahlen zusammen, die auch auf den Kopf gestellt noch sinnvoll waren und außerdem dabei ihren Wert nicht veränderten. Sie lässt sich beliebig weit verlängern:

1, 8, 11, 69, 88, 96, 101, 111, 181, 609, 619, 689, 808, 818, 888, 906, 916, 986, 1001, 1111, 1691, 1881, 1961, 6009, …

Die gesuchte Lösung lautet also 111.

Die Liste lässt sich beliebig weit verlängern. Eine geschlossene Formel, mit der man das *n*-te Element dieser Reihe berechnen kann, gibt es bisher nicht.

13. Münzprobleme auf dem Fischmarkt

Betrachten wir zunächst nur die Beträge 89 und 98 Cent. Es sind jeweils mindestens sechs Münzen notwendig, um diese Beträge bilden zu können, nämlich 89 = 50 + 20 + 10 + 5 + 2 + 2 und 98 = 50 + 20 + 20 + 5 + 2 + 1. Um jedoch sowohl 89 als auch 98 Cent bilden zu können, benötigt man aber zwei Münzen mehr. Mit einem Satz aus einer 50-Cent-, einer 10-Cent-, einer 5-Cent- und einer 1-Cent-Münze und zwei 20-Cent- und zwei 2-Cent-Münzen kann man beide Beträge und auch alle anderen Beträge von einem Cent bis zu einem Euro bilden. Sie können es leicht überprüfen.

14. Das Hüpfspiel

Färbt man die hundert Felder des Dreiecks schachbrettartig immer abwechselnd schwarz und weiß, so wie es die Skizze zeigt, erhält man 55 schwarze und 45 weiße Felder. Da zwei Felder, die eine gemeinsame Kante haben, immer unterschiedlich gefärbt sind, wechselt man bei jedem Hüpfer die Farbe seines Feldes. Startet man in einem schwarzen Feld, kann die gesamte Tour aus höchstens 46 schwarzen und 45 weißen Feldern bestehen, dann gibt es kein weißes Feld mehr, in dem man noch nicht war. Das bedeutet, man kann höchstens über 91 Felder hüpfen. Dass man auch tatsächlich 91 Felder erreichen kann, zeigt die eingezeichnete Linie.

15. Die ägyptischen Tetraeder

Bei drei Farben kann es drei verschiedene einfarbige Tetraeder geben. Drei Tetraeder können dreifarbig sein, wobei bei jedem eine der drei Farben einmal doppelt vorkommt. Bei zweifarbigen Tetraedern können die Kombinationen weiß-schwarz, weiß-rotbraun und schwarz-rotbraun auftreten. Mit allen drei Farbkombinationen kann man jeweils drei verschiedene Färbungen ausführen. Mit der ersten Farbe färbt man entweder eine, zwei oder drei Seiten und mit der zweiten Farbe entsprechend drei, zwei oder eine Seite. Insgesamt kann man also fünfzehn Tetraeder mit drei Farben unterschiedlich färben.

16. Das Wechselgeld

Da Thomas' Chef zehn Mal so viele Ein- wie Zweieurostücke haben wollte, betrug die kleinstmögliche Einheit von Ein- und Zweieurostücken 10 · 1 € + 1 · 2 € = 12 €. Für den Rest sollte er Fünfeuroscheine holen, also musste dieser durch 5 teilbar sein. Das einzige Vielfache von 12 unter 100, das einen durch 5 teilbaren Rest ergibt, ist 5 · 12 € = 60 €. Somit erhält man 100 € – 60 € = 40 € = 8 · 5 €.

Thomas wechselte den Hunderteuroschein also in fünfzig Eurostücke, fünf Zweieurostücke und acht Fünfeuroscheine.

17. Die gestohlene Brieftasche

Alle fünf Verdächtigen hatten drei Aussagen gemacht, von denen jeweils eine falsch war.

Wenn Alfreds dritter Satz wahr wäre, dann müssten Doras erster und dritter Satz falsch sein. Da das aber nicht möglich ist, muss Alfreds dritter Satz falsch und seine beiden anderen müssen wahr sein. Außerdem muss Doras zweiter Satz falsch und der erste und der dritte müssen richtig sein. Daraus folgt natürlich auch, dass Carls dritter Satz falsch ist und seine anderen beiden wahr sind. Aus Carls zweiter Aussage ergibt sich, dass Emils dritter Satz falsch sein muss. Das bedeutet aber, sein zweiter Satz ist wahr, und Berta muss die Diebin gewesen sein.

18. Der Landarzt

Am einfachsten ist es, die Lösung schrittweise aufzubauen. Die minimale Überlappung der Dorfbewohneranteile, die Grippe und Mandelentzündung hatten, beträgt 100 % – (100 % – 85 %) – (100 % – 80 %) = 85 % + 80 % – 100 % = 65 %. Die minimale Überlappung zwischen den 65 %, die Grippe und Mandelentzündung hatten, und den 75 %, die Kreislaufbeschwerden hatten, beträgt 65 % + 75 % – 100 % = 40 %.

Im letzten Schritt kommen noch die Dorfbewohner mit Magenbeschwerden dazu: Die kleinste Überlappung der 70 % Magenkranken mit den Menschen, die alle anderen Krankheiten hatten, ist 40 % + 70 % – 100 % = 10 %. Also hatten 10 % der Dorfbewohner im letzten Jahr alle vier Krankheiten.

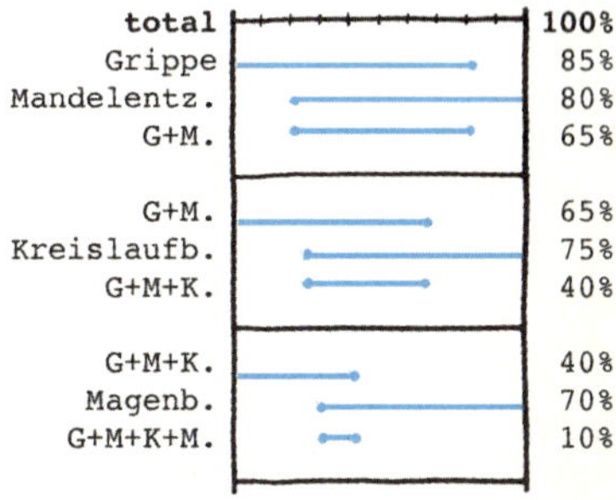

19. Der Kegelklub

Da ich in der ersten Liste auf dem siebten Platz stand, gibt es in unserem Kegelklub sechs Männer, die jünger sind als ich. Die dazugehörigen sechs Ehefrauen müssen älter als meine Frau sein, damit das Gesamtalter dieser Paare größer ist als mein Alter und das meiner Frau zusammen. In der zweiten Liste standen also mindestens vierzehn Namen. Auf der anderen Seite muss es zu jedem Mann, der älter als Erwin ist, eine Frau geben, die jünger als Erwins Frau ist, damit das Gesamtalter dieser Ehepaare kleiner ist als das von Erwin und seiner Frau. Da aber nur sechs Frauen jünger als Erwins Frau sind, kann es auch höchstens sechs Männer geben, die älter als Erwin sind. Die erste Liste enthielt also maximal vierzehn Namen. Da natürlich die erste und die zweite Liste gleich lang waren, muss unser Kegelklub aus genau vierzehn Ehepaaren bestehen.

20. Das Schützenfest

Bezeichnet man die Anzahl der Reihen der ursprünglichen quadratischen Formation mit *n* und die der drei kleineren, neuen Formationen mit *a*, *b* und

c, so muss man die Gleichung $n^2 = a^2 + b^2 + c^2$ lösen. Die kleinste Quadratzahl, die sich in drei kleinere Quadratzahlen zerlegen lässt, ist $9 = 3^2 = 2^2 + 2^2 + 1^2$. Sie kann aber keine Lösung sein, da in jeder Formation mehr als ein Schütze sein sollte. Die nächstgrößere Quadratzahl, die die Bedingungen erfüllt, ist $36 = 6^2 = 4^2 + 4^2 + 2^2$. Unser Schützenverein hat also, den Hauptmann mitgerechnet, 37 Mitglieder.

21. Die beiden Käfer

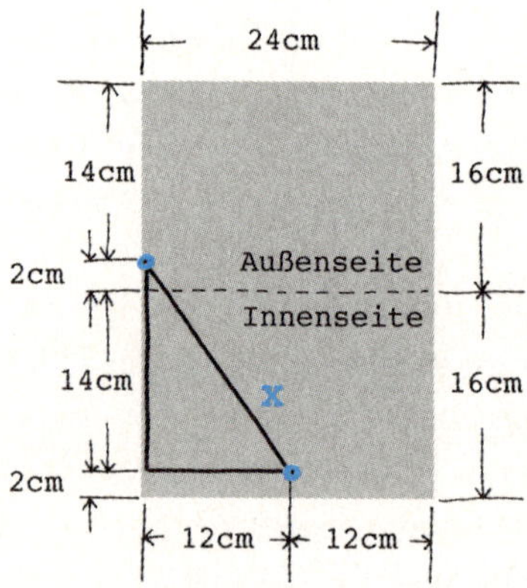

Um das Problem möglichst einfach zu lösen, entfernt man in Gedanken den Boden des Glases, schneidet die übrig gebliebene Röhre auf und wickelt sie zu einer ebenen Glasscheibe ab. Es entsteht so ein Rechteck, dessen eine Seite die Höhe und dessen andere der Umfang des Glases ist. Dieses Rechteck kann man noch flach durchspalten und so Außen- und Innenseite des Glases trennen und entlang seines oberen Randes auseinander klappen. Jetzt kann man den kürzesten Weg des Käfers erkennen: Es ist die Gerade durch beide Aufenthaltsorte. Die Entfernung x lässt sich mit dem Satz des Pythagoras zu $x = \sqrt{(16\,\text{cm})^2 + (12\,\text{cm})^2} = 20\,\text{cm}$ berechnen.

22. Die Fakultätensumme

Die ersten acht Fakultäten lauten 1! = 1, 2! = 2, 3! = 6, 4! = 24, 5! = 120, 6! = 720, 7! = 5040 und 8! = 40320. (Eine Zahl mit einem Ausrufezeichen bedeutet die Fakultät dieser Zahl.) Die Zahlen 5!, 6!, 7! und 8! enden auf 0. Dies gilt auch für alle weiteren Fakultäten, die größer als 8! sind. Der Grund ist, dass die Fakultät einer Zahl das Produkt aus dieser Zahl und der Fakultät der nächstkleineren Zahl ist. So ist beispielsweise $8! = 8 \cdot 7!$. Wenn nun eine Fakultät auf 0 endet, so muss die Endziffer aller höheren Fakultäten auch eine 0 sein, da das Produkt einer auf 0 endenden Zahl mit einer beliebigen anderen Zahl auch wieder auf 0 endet. Will man nun die Endziffer der Summe aller Fakultäten von 1! bis 100! wissen, braucht man nur die ersten vier Fakultäten zusammenzuzählen. Die Nullen am Ende aller anderen Fakultäten liefern keinen Beitrag zur Endziffer der Summe. Die gesuchte Endziffer ist somit 3.

23. Die Kartenreihe

Da drei benachbarte Karten immer zusammen den Wert 18 hatten, mussten die beiden Karten rechts von der Sieben 11 ergeben. Weil diese beiden Karten zusammen mit der siebten Karte auch wieder 18 ergeben mussten, konnte diese nur eine Sieben sein. Genauso kann man für die drei Karten zwischen der achten und der zwölften argumentieren. Das bedeutet, dass die neunte Karte eine Acht war. Weil nun die siebte eine Sieben und die neunte eine Acht war, musste die gefragte achte Karte eine Drei sein, damit sie zusammen den Wert 18 hatten.

24. Der Knoten

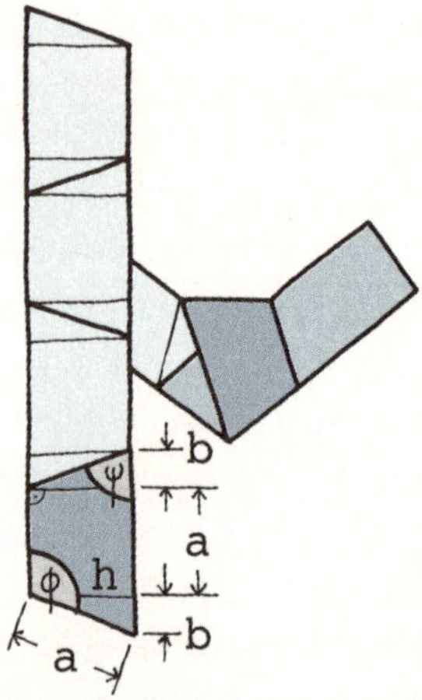

Am einfachsten stellt man sich zur Lösung des Problems zunächst einmal ein Knotenfünfeck her. Beim Auseinanderfalten sieht man, dass der Knoten aus vier aneinander hängenden, gleichen Trapezen besteht. Eines dieser Trapeze liegt auch schon auf der Oberseite des Knotens frei, und man sieht, dass die drei kurzen Trapezseiten a zugleich auch Seiten des Fünfecks sind. Somit müssen die beiden stumpfen Trapezwinkel φ gleich dem Innenwinkel des regelmäßigen Fünfecks von 108° sein. Da die Winkelsumme im Viereck immer 360° beträgt, haben die spitzen Trapezwinkel einen Wert von $\psi = 72°$. Nun kann man aus der Streifenbreite $h = 3$ cm die beiden Strecken $a = h/\sin\psi \approx 3{,}154$ cm und $b = h/\tan\psi \approx 0{,}975$ cm errechnen. Damit hat die kurze Parallelogrammseite eine Länge von $a \approx 3{,}154$ cm und die lange von $4a + 4b \approx 16{,}52$ cm.

25. Palindrome

Jedes elfstellige Palindrom kann aus einer sechsstelligen Zahl erzeugt werden, indem man an diese ihre fünf ersten Ziffern in umgekehrter Reihenfolge anhängt. So wird zum Beispiel aus der sechsstelligen Zahl 195 374 das elfstellige Palindrom 19 537 473 591. Da die kleinste sechsstellige Zahl 100 000 und die größte 999 999 ist, gibt es insgesamt 900 000 sechsstellige Zahlen und somit auch 900 000 elfstellige Palindrome.

26. Die beiden Zechbrüder

Unabhängig davon, in welche Teilabschnitte die zehn Kilometer lange Strecke von Frenswegen nach Schmithof unterteilt wurde, musste Kurt das Stück gelaufen sein, das Karl gefahren ist, und umgekehrt. Bezeichnet man die gesamte von Kurt gelaufene Strecke mit *w*, so war er insgesamt *t* Stunden unterwegs.

$$t = \frac{w}{5\ \text{km/h}} + \frac{10\ \text{km} - w}{10\ \text{km/h}}$$

Da Kurt und Karl gleichzeitig in Frenswegen gestartet und in Schmithof angekommen sind, war auch Karl *t* Stunden unterwegs. Er ist jedoch *w* Kilometer gefahren und 10 – *w* Kilometer gelaufen, darum gilt:

$$t = \frac{10\ \text{km} - w}{4\ \text{km/h}} + \frac{w}{10\ \text{km/h}}$$

Setzt man diese beiden Ausdrücke gleich, erhält man:

$$\frac{w}{5\ \text{km/h}} + \frac{10\ \text{km} - w}{10\ \text{km/h}} = \frac{10\ \text{km} - w}{4\ \text{km/h}} + \frac{w}{10\ \text{km/h}}\ .$$

Nach *w* aufgelöst, folgt daraus $w = 6$ km.

Kurt ist also insgesamt sechs Kilometer gelaufen und vier Kilometer mit dem Rad gefahren. Setzt man diesen Wert für w in die erste oder zweite Gleichung ein, ergibt sich, dass Kurt und Karl für die Strecke von Frenswegen nach Schmithof 1,6 Stunden oder eine Stunde und 36 Minuten gebraucht haben.

27. Die Wanderung

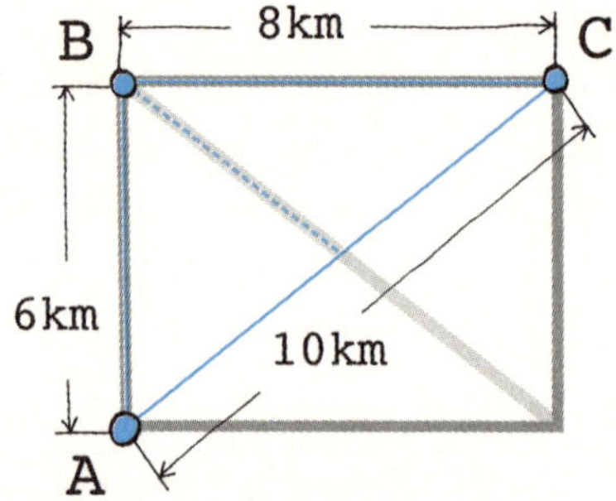

Die Wege zwischen Ahausen, Bedorf und Cefeld, die Längen von sechs, acht und zehn Kilometern haben, bilden ein rechtwinkliges Dreieck. Man kann dies leicht mit dem Satz des Pythagoras überprüfen: $(6\ \text{km})^2 + (8\ \text{km})^2 = (10\ \text{km})^2$. Indem man zwei dieser Dreiecke mit den zehn Kilometer langen Seiten aneinander setzt, erhält man ein Rechteck. Die Strecke von Ahausen nach Cefeld ist eine Diagonale dieses Rechtecks, die andere verbindet Bedorf des ersten Dreiecks mit Bedorf des zweiten Dreiecks. Da sich die Diagonalen eines Rechtecks gegenseitig halbieren, ist also die Linie von Bedorf des ersten Dreiecks bis zum Schnittpunkt der Diagonalen die Abkürzung, die ich mit meiner Familie gegangen bin. Da die beiden Diagonalen auch gleich lang sind, betrug unsere gesamte Wanderstrecke 6 km + 5 km + 5 km = 16 km.

28. Das schwarzhaarige Mädchen

Da weder Heiner, Ludger noch ich mit unseren Schätzungen richtig, aber auch nicht mehr als drei Jahre daneben gelegen hatten, kommen nur die folgenden Alter für das Mädchen infrage:

Mein Tipp:		20	21	22		24	25	26			
Ludgers Tipp:	19	20	21		23	24	25				
Heiners Tipp:					23	24	25		27	28	29

Die beiden Alter 24 und 25 Jahre liegen in den Schätzbereichen von allen dreien. Aber nur das Alter von 25 Jahren erfüllt auch die Bedingung, dass einer von uns sich um ein Jahr, einer sich um zwei Jahre und einer sich um drei Jahre verschätzt hatte. Das hübsche schwarzhaarige Mädchen war also 25 Jahre alt.

29. Die Kugel

Wenn die Oberfläche $A = 4\pi r^2$ und das Volumen $V = \frac{4}{3}\pi r^3$ einer Kugel ganzzahlige, vierstellige Vielfache von π Quadrat- bzw. Kubikzentimetern sind, so müssen für den auch ganzzahligen Radius r folgende Bedingungen erfüllt sein:

$$1000\pi \leq 4\pi r^2 \leq 9999\pi$$

$$1000\pi \leq \frac{4}{3}\pi r^3 \leq 9999\pi$$

Die beiden Beziehungen kann man vereinfachen zu

$$15 < r < 50$$

$$9 < r < 20.$$

Der Radius muss also größer als 15 und kleiner als 20 sein. Da $\frac{4}{3}r^3$ eine ganze Zahl sein soll, muss r durch 3 teilbar sein. Es kommt als Radius also nur ein Wert von 18 Zentimetern infrage.

30. Der Knick im Geldschein

Wegen der Symmetrie des Geldscheins müssen die Strecken $\overline{AP}$, $\overline{AQ}$, $\overline{CP}$ und $\overline{CQ}$ gleich lang sein. Der Knick $\overline{PQ}$ und die Diagonale $\overline{AC}$ halbieren sich also gegenseitig und stehen rechtwinklig aufeinander. Da die Dreiecke *AMQ* und *ACD* beide rechtwinklig sind und bei *A* denselben Winkel haben, gilt für ihre

Seitenverhältnisse $\overline{MQ} : \overline{AM} = \overline{CD} : \overline{AD}$. $\overline{AM}$ und $\overline{MQ}$ sind jeweils halb so lang wie $\overline{AC}$ und $\overline{PQ}$, deshalb kann man die Gleichung auch als $\overline{PQ} : \overline{AC} = \overline{CD} : \overline{AD}$ schreiben. Die Diagonale $\overline{AC}$ des Geldscheins lässt sich mit dem Satz des Pythagoras zu

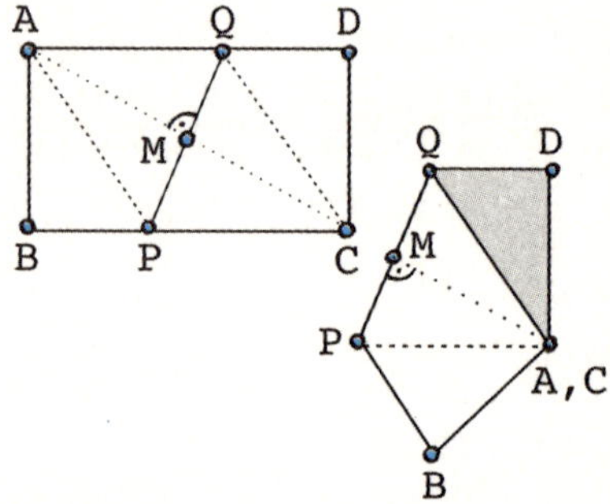

$$\overline{AC} = \sqrt{\overline{AD}^2 + \overline{CD}^2}$$

berechnen. Dadurch erhält man für die Länge $\overline{PQ}$ des Knicks den Ausdruck

$$\overline{PQ} = \frac{\overline{CD}}{\overline{AD}} \sqrt{\overline{AD}^2 + \overline{CD}^2}$$

Mit $\overline{AD} = 140$ mm und $\overline{CD} = 77$ mm bekommt man also eine Knicklänge von etwa 87,88 mm.

31. Celsius und Fahrenheit

Die Umrechnungsgleichungen zwischen Celsiustemperaturen C und Fahrenheittemperaturen F sind $F = \frac{9}{5}C + 32^\circ$ und $C = \frac{5}{9}(F - 32^\circ)$.

Eine Möglichkeit, das Problem zu lösen, ist, alle dreistelligen Zahlen systematisch durchzuprobieren, bis man die einzige Temperatur gefunden hat, für die die seltsame Umrechnungsmethode meiner Frau ein richtiges Ergebnis ergibt. Mit etwas Geduld gelangt man damit auch zum Ziel.

Bei einer zweiten Möglichkeit geht man etwas eleganter vor. Jede beliebige dreistellige Zahl – die Fahrenheittemperatur – kann als $F = 100a + b$ geschrieben werden, wobei a eine der neun Ziffern von 1 bis 9 und b eine zweistellige Zahl ist. Die Celsiustemperatur ist folglich $C = 10b + a$. Setzt man dies in die erste der Umrechnungsgleichungen ein, erhält man

$$100a + b = \frac{9}{5}(10b + a) + 32$$

und nach dem Auflösen der Klammer

$$100a + b = 18b + \frac{9}{5}a + 32.$$

Da die linke Seite der Gleichung eine ganze Zahl ergibt, gilt dies auch für die rechte Seite. Folglich muss sich der Bruch $\frac{9}{5}a$ kürzen lassen, was nur möglich ist, wenn $a = 5$ ist.

Setzt man dies in die Gleichung ein und stellt sie dann nach b um, erhält man $b = 27$. Das bedeutet also, dass 527 °F = 275 °C sind.

32. Der Rechenkünstler

Um die beiden letzten Stellen des Wertes von 7^{77} zu bestimmen, braucht man nicht die komplette Zahl zu errechnen. 7^{77} bedeutet, dass man die 7 siebenundsiebzigmal mit sich selbst malnimmt.

Multipliziert man nun eine beliebige Zahl mit 7, und ist man nur an den beiden Endziffern des Ergebnisses interessiert, braucht man auch nur die zwei letzten Stellen der Zahl mit 7 zu multiplizieren. Damit kann man die Lösung nun schrittweise finden.

$7^1 = 7 \cdot 7^0 = 07$

$7^2 = 7 \cdot 7^1 = 49$

$7^3 = 7 \cdot 7^2 = \ldots 43$

$7^4 = 7 \cdot 7^3 = \ldots 01$

$7^5 = 7 \cdot 7^4 = \ldots 07$

$7^6 = 7 \cdot 7^5 = \ldots 49$

$7^7 = 7 \cdot 7^6 = \ldots 43$

$7^8 = 7 \cdot 7^7 = \ldots 01$

$7^9 = 7 \cdot 7^8 = \ldots 07$

Die beiden Endziffern von 7^n wiederholen sich, wie man sieht, alle vier Schritte. Wenn also der Exponent n durch 4 teilbar ist, endet 7^n auf 01. Das bedeutet, auch 7^{76} hat als letzte Ziffern 01, und 7^{77} endet folglich auf 07.

33. Der Dorfanger

Da der Umfang U des quadratischen Dorfangers 1200 m betrug, hatte er eine Seitenlänge a von $U/4 = 300$ m und einen Flächeninhalt von $a^2 = 90\,000\,\text{m}^2$. Das bedeutet, dass die drei Weiden jeweils eine Fläche A von $30\,000\,\text{m}^2$ hatten. Für die beiden dreieckigen Weiden gilt nach der Dreiecksformel $A = ab/2$ oder $b = 2a/A = 200$ m. Nun kann man mit dem Satz des Pythagoras die Länge der Seite c berechnen:

$$c = \sqrt{a^2 + b^2} = \sqrt{130\,000\ \text{m}^2} \approx 360{,}555\ \text{m}$$

Die beiden Zäune hatten also zusammen eine Länge von ungefähr 721 m.

34. Die Nougateier

Um Dezimalstellen zu vermeiden, nimmt man an, die Rechnung sei in Cent ausgestellt gewesen. Der Preis von $a246b$ Cent für 72 Nougateier muss ein Vielfaches von 72 sein. Da 72 das Produkt aus 8 mal 9 ist, muss der Preis auch durch 8 und durch 9 teilbar sein. Jetzt kann man zwei einfache Teilbarkeitsregeln anwenden: Eine Zahl ist durch 8 teilbar, wenn die Zahl, die von ihren letzten drei Stellen gebildet wird, ein Vielfaches von 8 ist. Das bedeutet, in der Zahl $46b$ muss das b so gewählt werden, dass ein durch 8 teilbarer Wert entsteht. Dies ist nur mit $b = 4$ möglich. Durch 9 ist eine Zahl

teilbar, wenn ihre Quersumme ein Vielfaches von 9 ist. Also muss $a + 2 + 4 + 6 + 4$ ein Vielfaches von 9 sein, was zu $a = 2$ führt.
Die 72 Nougateier kosteten folglich 224,64 Euro, und der Preis für ein einzelnes Ei betrug 3,12 Euro.

35. Der Garten

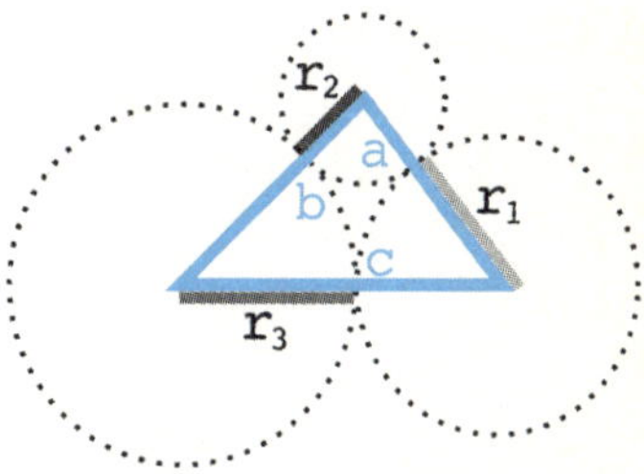

Wenn man die Radien der drei Kreise mit r_1, r_2 und r_3 bezeichnet und die Abstände ihrer Mittelpunkte mit a, b und c, lassen sich folgende Gleichungen aufstellen:

$$a = r_1 + r_2$$
$$b = r_2 + r_3$$
$$c = r_1 + r_3$$

Addiert man die dritte Gleichung zur ersten, zieht davon die zweite ab und teilt das Ergebnis durch 2, erhält man eine Beziehung für r_1, in der nur die Baumabstände a, b und c vorkommen.

$$r_1 = \frac{a + c - b}{2}$$

Auf analoge Weise bekommt man auch die Bestimmungsgleichungen für r_2 und r_3.

$$r_2 = \frac{a + b - c}{2} \qquad r_3 = \frac{b + c - a}{2}$$

Setzt man für a, b und c die Werte 70, 80 und 100 Meter ein, erhält man die Radien 45, 25 und 55 Meter. Der größte Rasenkreis in Direktor Talers neuem Garten muss also einen Durchmesser von 110 Metern bekommen.

36. Das Erbe des Weinhändlers

Bezeichnet man die Anzahl der vollen, der halb vollen und der leeren Fässer für einen beliebigen der drei Brüder mit v, h und l, so musste bei einer gerechten Verteilung der Fässer die Gleichung $v + h + l = 7$ gelten. Da es insgesamt $7 \cdot 1 + 7 \cdot 0{,}5 + 7 \cdot 0 = 10{,}5$ Fässer Wein gab, erhielt jeder der Brüder 3,5 Fässer Wein. Darum musste bei einer gerechten Aufteilung des Weines die Beziehung $v \cdot 1 + h \cdot 0{,}5 + l \cdot 0 = 3{,}5$ oder $2v + h = 7$ erfüllt sein. Zieht man die Weingleichung von der Fässergleichung ab, erhält man $v = l$. Jeder Bruder bekam also genauso viele volle wie leere Fässer. Da bekannt ist, dass der jüngste Bruder ein leeres Fass kriegte, musste er auch ein volles und folglich noch fünf halb volle bekommen.

Jetzt ist es nicht mehr schwer, durch Probieren die Fässeraufteilung für die beiden anderen Brüder zu bestimmen: Beide bekamen drei volle und drei leere Fässer und ein halb volles Fass.

37. Der Langlaufparcours

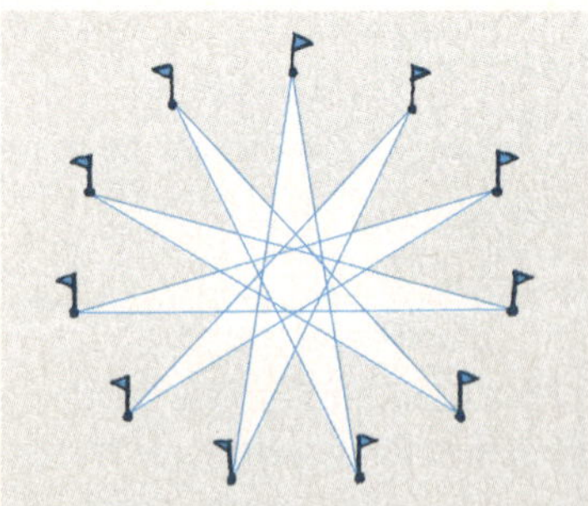

Bei einer Kurve, die nur aus elf geraden Abschnitten besteht, kann kein Abschnitt sich selbst oder seine beiden Nachbarabschnitte schneiden. Das bedeutet, jeder Abschnitt kann höchstens acht andere Abschnitte kreuzen. Insgesamt kann die Kurve also maximal $\frac{1}{2} \cdot 11 \cdot 8 = 44$ Schnittpunkte haben. Der Faktor $\frac{1}{2}$ in dem Ausdruck ist deshalb nötig, weil sonst jeder Abschnitt doppelt gezählt würde, einmal als schneidende und einmal als geschnittene Gerade. Dass sich die Maximalzahl von 44 Kreuzungen auch tatsächlich erreichen lässt, kann man durch Abzählen an dem sternförmigen Beispiel überprüfen.

38. Die Weinkiste

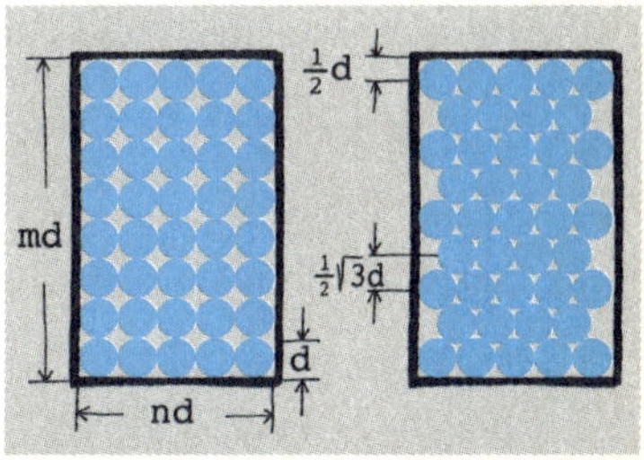

Da in der Weinkiste zuerst in jeder Reihe *n* und in jeder Spalte *m* Flaschen standen, musste sie eine Länge *nd* und eine Breite *md* haben, wobei *d* der Flaschendurchmesser war. Auch der Abstand der Reihen war *d*. Durch das Umsortieren der Flaschen schrumpfte er auf $\frac{1}{2}\sqrt{3}\,d$, denn der Abstand zweier Reihen war nun gleich der Höhe in einem gleichseitigen Dreieck, das die Seitenlänge *d* hatte, und das von drei sich gegenseitig berührenden Flaschen gebildet wurde. Damit nun eine zusätzliche Reihe Flaschen in die Kiste passte, musste ihre Breite mindestens $m \cdot \frac{1}{2}\sqrt{3}\,d + d$ betragen. Daraus erhält man die Ungleichung

$$md \geq \frac{1}{2} m \sqrt{3}\, d + d$$

oder

$$m \geq \frac{2}{2-\sqrt{3}} \approx 7{,}5.$$

Das bedeutet, wenn es in der alten Anordnung acht Flaschenreihen gab, so passte in der neuen Anordnung auch noch eine neunte in die Kiste.

In der alten Anordnung enthielt die Kiste insgesamt $8n$ Flaschen. Da in der neuen Anordnung in jeder zweiten Reihe eine Flasche weniger stand, passten nun $5n + 4 (n - 1)$ Flaschen in die Kiste. Diese zweite Anzahl musste um mindestens 1 größer sein als die erste.

$5n + 4 (n - 1) \geq 8n + 1$

$n \geq 5$

Ich hatte also auf dem Heimweg 41 Flaschen in meiner Weinkiste.

39. Der gefälschte Würfel

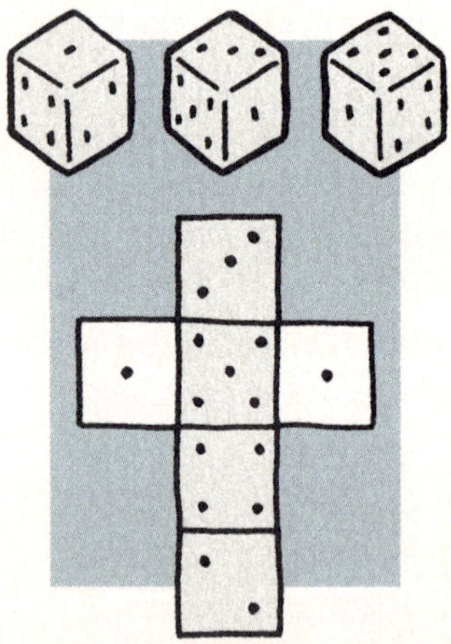

Die Fotos zeigen drei Ansichten eines Würfels. Wenn man in Gedanken den Würfel im dritten Foto so dreht, dass die Eins und die Fünf so liegen wie im zweiten Würfel, dann ist auf der oberen Fläche die Vier zu sehen. Auf dem zweiten Foto zeigt die obere Fläche jedoch eine Drei. Diesen Widerspruch kann man nur auflösen, wenn man annimmt, dass entweder die Eins oder die Fünf doppelt vorkommt. Wäre die Fünf doppelt, würden nach dem zweiten und dritten Foto an die Flächen mit der Eins zwei Flächen mit einer Fünf und jeweils eine Fläche mit einer Vier und einer Drei grenzen. Das ist jedoch nicht möglich, da nach dem ersten Foto eine der vier an die Eins grenzenden Flächen eine Zwei trägt. Folglich kommt nicht die Fünf, sondern die Eins doppelt vor. Der Rest ist jetzt einfach. Die Zeichnung zeigt eine Abwicklung des Würfels. Auf der unteren Fläche des Würfels im ersten Foto befindet sich also eine Eins.

40. Die Zigaretten

Aus 175 Kippen konnte mein Großvater 43 Zigaretten drehen, wobei 3 Kippen übrig blieben. Nachdem er diese 43 Zigaretten geraucht hatte, hatte er insgesamt wieder 46 Kippen, aus denen er 11 Zigaretten drehen konnte. Dabei blieben 2 Kippen übrig. Nach dem Rauchen der 11 Zigaretten hatte er 13 Kippen, was wiederum 3 Zigaretten und 1 Kippe ergab. Nachdem er auch diese 3 Zigaretten geraucht hatte, konnte man aus den übrig gebliebenen Kippen noch eine letzte Zigarette drehen. Mit 175 Kippen konnte mein Großvater also insgesamt 58 Zigaretten rauchen.

41. Die Schwäger

Bei der einzigen Möglichkeit, dass von drei Männern jeder mit den beiden anderen verschwägert ist, muss der erste Mann mit einer Schwester des zweiten verheiratet sein, der zweite Mann mit einer Schwester des dritten und der dritte Mann mit einer Schwester des ersten. Außerdem können weder die drei Männer Brüder noch die drei Frauen Schwestern sein.
Wenn nun auch noch ein vierter Mann mit jedem der drei anderen Männer verschwägert wäre, so müssten entweder mindestens zwei der Männer mit Schwestern des vierten Mannes verheiratet sein, oder mindestens zwei der Männer wären Brüder der Frau des vierten Mannes. Da jedoch auch der vierte Mann mit jedem Paar der drei anderen Männer ein Schwagertrio

bilden muss, sind beide Fälle unmöglich, weil im ersten Fall zwei der Frauen Schwestern und im zweiten zwei der Männer Brüder wären. Das bedeutet, eine Gruppe, in der jeder Mann der Schwager jedes anderen Mannes ist, kann höchstens aus drei Männern bestehen.

42. Das Fenster

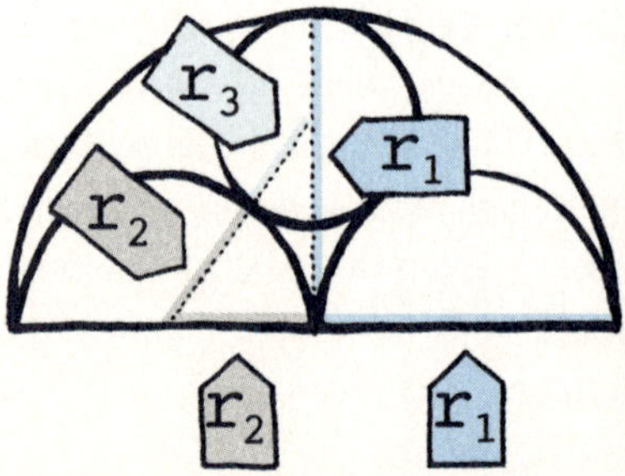

Bezeichnet man die Radien des Fensters und der Scheiben mit r_1, r_2 und r_3, so wie es die Skizze zeigt, kann man mit dem Satz des Pythagoras die Seiten des eingezeichneten Dreiecks berechnen.

$$(r_1 - r_3)^2 + r_2^2 = (r_2 + r_3)^2$$

Ersetzt man nun r_2 durch $\frac{r_1}{2}$ und löst die Gleichung nach r_3 auf, erhält man $r_3 = \frac{r_1}{3}$. Mit Hilfe der Kreisflächengleichung $A = \pi r^2$ ergibt sich:

$$A_{\text{blau}} = \frac{1}{4}\pi r_1^2 \qquad A_{\text{rot}} = \frac{1}{9}\pi r_1^2 \qquad A_{\text{gelb}} = \pi r_1^2 - A_{\text{blau}} - A_{\text{rot}} = \frac{5}{36}\pi r_1^2$$

Setzt man $r_1 = 1\,\text{m}$ ein und multipliziert die einzelnen Flächen mit den entsprechenden Preisen, so ergibt sich für das Glas ein Gesamtpreis von 263,89 Euro.

43. Das Puzzle

Angenommen, bei dem Puzzle besteht die längere Seite aus a und die kürzere aus b Teilchen. Dann hat das gesamte Spiel $a \cdot b$ und das Innere $(a-2)(b-2)$ Teilchen. Dabei müssen a und b mindestens 3 sein, damit es überhaupt ein Puzzle-Inneres gibt. Da die Innenfläche aus der Hälfte aller Teilchen bestehen soll, gilt $ab = 2(a-2)(b-2)$. Löst man diese Gleichung nach a auf, erhält man $a = 4(b-2)/(b-4)$. Um für a einen positiven Wert zu bekommen, muss der Nenner positiv und somit $b \geq 5$ sein. Setzt man in die Gleichung $b = 5$ oder $b = 6$ ein, bekommt man $a = 12$ bzw. $a = 8$. Ein b, das größer als 6 ist, ergibt immer ein a, das kleiner als b ist. Deshalb scheiden diese Fälle als Lösung aus. Die beiden einzigen möglichen Puzzlegrößen sind also $5 \cdot 12 = 60$ und $6 \cdot 8 = 48$ Teilchen. Sarahs Puzzle bestand somit aus 60 Pappstückchen.

44. Die Erdbeeren

Die 100 kg frischen Erdbeeren bestanden am Morgen aus 99 kg Wasser und 1 kg Erdbeer-Trockenmasse. Weil nur Wasser verdunsten kann, nicht aber Trockenmasse, enthielten die eingetrockneten Erdbeeren am Abend immer noch 1 kg Trockenmasse. Da sie dann zu 98 % aus Wasser bestanden, mussten die restlichen 2 % dieses eine Kilogramm sein. Folglich sind 100 %, also das Gesamtgewicht der eingetrockneten Erdbeeren, genau 50 kg.

45. Der Geburtstagswochentag

Von meinen vier Neffen und Nichten behauptete einer, meine Schwägerin habe am Dienstag, zwei behaupteten, sie habe am Mittwoch und eine behauptete, sie habe am Donnerstag Geburtstag. Wenn alle vier Kinder gelogen hätten, müsste ihr Geburtstag am Montag, Freitag, Samstag oder Sonntag sein. Hätten drei die Unwahrheit gesagt, wäre ihr Geburtstag am Dienstag oder Donnerstag, und wenn zwei geschwindelt hätten, müsste er am Mittwoch sein. Dass nur ein oder kein Kind gelogen hatte, ist nicht möglich.

Aus der Aussage meines Bruders «Wenn ich dir sagen würde, wie viele meiner Kinder die Wahrheit gesagt haben, dann wüsstest du, wann Anita Geburtstag hat», folgt, dass nur zwei Kinder gelogen haben können, denn nur in diesem Fall gibt es für den Geburtstagswochentag nur eine einzige Möglichkeit, nämlich den Mittwoch. Also hatte meine Schwägerin Anita am Mittwoch Geburtstag.

46. Die Ratgeber

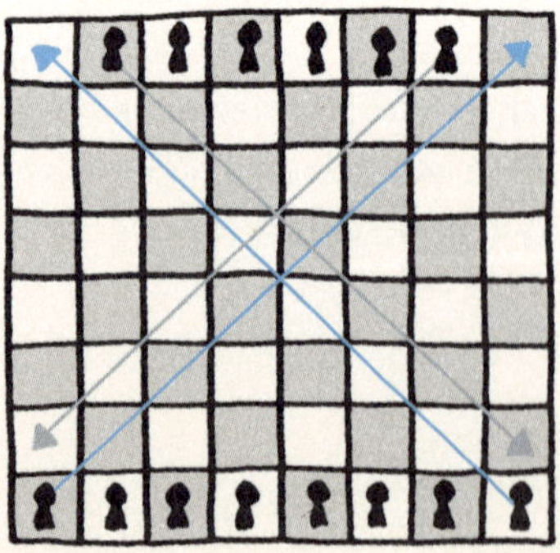

Es ist möglich, fünfzehn parallele Diagonalen, die durch die Mittelpunkte der Felder laufen, auf ein Schachbrett zu zeichnen. Wenn Schachläufer sich nicht gegenseitig bedrohen sollen, darf auf jeder Diagonalen nur eine Figur stehen. Weil die Geraden alle Felder des Schachbretts schneiden, kann die Zahl der Läufer fünfzehn nicht überschreiten. Exakt so viele aufzustellen, gelingt jedoch auch nicht, da die beiden äußersten Diagonalen je nur ein Feld enthalten und diese beiden Felder auf einer zu den anderen Geraden senkrecht laufenden Diagonalen liegen. Die Maximalzahl der sich nicht bedrohenden Läufer und damit auch die Anzahl von König Lorwins Ratgebern ist also vierzehn. Die Abbildung zeigt eine mögliche Aufstellung.

47. Die Kette

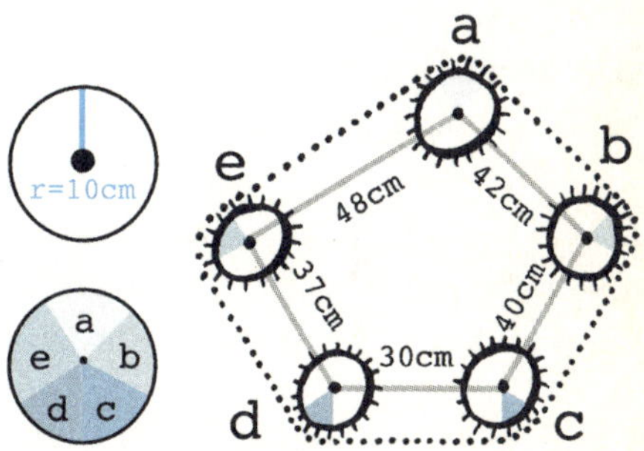

Die Zahnradachsen des Technomobils bildeten ein Fünfeck. Die Teile der Kette, die nicht die Zahnräder berührten, liefen parallel zu diesen Fünfeckseiten und hatten auch deren Länge. Sie verließen die Zahnräder tangential. Läuft man eine Runde entlang der ganzen Kette, so hat man sich einmal um die eigene Achse gedreht. Die fünf Kreisausschnitte der Zahnräder, die von der Kette berührt wurden, ergaben also zusammen einen ganzen Kreis, dessen Umfang $2\pi r \approx 63$ cm betrug. Die Kette war folglich etwa 30 cm + 37 cm + 40 cm + 42 cm + 48 cm + 63 cm = 260 cm lang.

48. Der Ethnologe

Das Problem bei dieser Aufgabe ist, dass man sich die einzelnen Aussagen schlecht veranschaulichen kann. Offensichtlich besteht das Dorf aus acht Gruppen von Menschen:

1. kluge junge Männer
2. dumme junge Männer
3. kluge alte Männer
4. dumme alte Männer
5. kluge junge Frauen
6. dumme junge Frauen
7. kluge alte Frauen
8. dumme alte Frauen

Mit diesen Gruppen kann man folgende Rechnung machen:

	alle Dörfler	=	alte Dörfler	+	junge Männer	+	junge Frauen
	dumme Dörfler	=	dumme alte Männer	+	dumme Frauen	+	dumme junge Männer
Differenz =	kluge Dörfler	=	a	+	b	+	c

Über die alten Dörfler sagte der Ethnologe nichts, deshalb weiß man nur, dass $a \geq 0$ ist. Da es mehr junge Männer als dumme Frauen und mehr junge Frauen als dumme junge Männer gibt, gilt, dass $b \geq 1$ und $c \geq 1$ ist. Das bedeutet, es leben mindestens zwei kluge Menschen in dem Dorf.

49. Die Gewinner

Die größte Zahl, die aus den Ziffern von 0 bis 6 gebildet werden kann, ist 6543210. Sie ist jedoch nicht ohne Rest durch 12 teilbar.

Weil $3 \cdot 4 = 12$ ist, kann eine Zahl durch 12 geteilt werden, wenn sie sowohl durch 3 als auch durch 4 teilbar ist. Eine Zahl ist durch 3 teilbar, wenn ihre Quersumme durch 3 teilbar ist. Da die Summe der Ziffern von 0 bis 6 gerade 21 beträgt, und 21 ein Vielfaches von 3 ist, muss jede Zahl, die aus ihnen gebildet wird, durch 3 teilbar sein.

Durch 4 ist eine Zahl teilbar, wenn die Zahl, die von ihren letzten beiden Ziffern gebildet wird, ein Vielfaches von 4 ist. Da die Zahl aus den beiden letzten Stellen von 6543210, nämlich 10, nicht durch 4 teilbar ist, müssen am Ende der Zahl, wo der Einfluss auf ihre Größe am geringsten ist, einige Ziffern umgestellt werden. Es reicht, wenn die letzten drei Ziffern anders geordnet werden. Die größte durch 12 teilbare Zahl ist folglich $6543120 = 12 \cdot 545251$.

50. Die Wahl

Die Summe von drei verschiedenen Stammbrüchen soll zwar kleiner als 1/2 sein, aber möglichst nahe an 1/2 herankommen. Angenommen, ihre Summe wäre genau 1/2,

$$\frac{1}{a}+\frac{1}{b}+\frac{1}{c}=\frac{1}{2}$$

und die Größe der Brüche hätte die Reihenfolge

$$\frac{1}{a}>\frac{1}{b}>\frac{1}{c}.$$

Dies bedeutet, dass $1/a$ mehr als ein 1/6, aber weniger als 1/2 zur Gesamtsumme beitragen muss. Also kann $1/a$ nur die Werte 1/3, 1/4 und 1/5 annehmen. Für den Bruch $1/b$ folgt daraus, er muss größer als 1/12 und kleiner als 1/3 sein. Es bleiben für $1/b$ somit nur die Möglichkeiten von 1/4 bis 1/11. Der Wert für den Bruch $1/c$ ergibt sich aus der Differenz zwischen 1/2 und $1/a + 1/b$.

Probiert man diese wenigen Möglichkeiten alle systematisch durch, erhält man als Lösung:

$$\frac{1}{3}+\frac{1}{7}+\frac{1}{43}=\frac{451}{903}\approx 0{,}499446<\frac{1}{2}$$

Clemens Kynast hatte also bei der Vorstandswahl 1/43 oder rund 2,3 % der Stimmen bekommen.

51. Schlag den Gänzel

Am einfachsten ist es, das Pferd von hinten aufzuzäumen. Nach der vierten Runde hatten wir alle 80 Euro. Das bedeutet, die drei Gewinner hatten vor dem vierten Spiel jeder 40 Euro besessen. Da sich die Gesamtsumme unseres Geldes von $4 \cdot 80 = 320$ Euro nicht ändern konnte, musste der Verlierer der vierten Runde vor dem vierten Spiel $320 - 3 \cdot 40 = 200$ Euro gehabt haben. Die nächsten Schritte laufen ganz analog: Die Gewinner einer Runde hatten vor dem Spiel halb so viel wie danach, und der Verlierer besaß vorher die Differenz zwischen 320 Euro und der Summe des Geldes der drei anderen Spieler.

	Ich	Thomas	Michael	Ulrich
nach dem 4. Spiel:	80 €	80 €	80 €	80 €
nach dem 3. Spiel:	40 €	40 €	40 €	200 €
nach dem 2. Spiel:	20 €	20 €	180 €	100 €
nach dem 1. Spiel:	10 €	170 €	90 €	50 €
vor dem 1. Spiel:	165 €	85 €	45 €	25 €

Da ich also vor dem ersten Spiel 165 Euro und nach dem vierten Spiel 80 Euro besaß, verlor ich insgesamt 85 Euro.

52. Die Deckchen

Um das Problem zu lösen, geht man am besten rückwärts vor und nimmt die Deckchen nacheinander von oben nach unten vom Tisch. Es gibt nur ein einziges sinnvolles Bild, wenn man das oberste Deckchen entfernt hat.

Jetzt ist es nicht mehr schwer, die nächsten Schritte zu rekonstruieren und den ganzen Deckchenstapel durchzunummerieren. Das markierte Deckchen war also das dritte von unten.

53. Der Kuhhandel

Bezeichnet man die Anzahl der Kühe des älteren Bauern mit a und die des jüngeren mit b, so kann man die Forderungen der beiden Bauern in zwei Gleichungen übersetzen. Die Forderung des älteren Bauern «Verkaufe mir eine von deinen Kühen, dann habe ich genauso viele wie du», entspricht der Gleichung $a + 1 = b - 1$, und die des jüngeren Bauern «Verkaufe mir eine von deinen Kühen, dann habe ich doppelt so viele wie du», entspricht $2(a - 1) = b + 1$. Zieht man die erste Gleichung von der zweiten ab, fällt b heraus, und man kann den Ausdruck nach a auflösen. Auf diese Weise erhält man $a = 5$. Den Wert kann man in eine der beiden Ausgangsgleichungen einsetzen, und es ergibt sich $b = 7$. Der ältere Bauer hat somit fünf Kühe und der jüngere sieben.

54. Die Kundennummern

Um die Kundennummer herauszufinden, werden die zehn Zahlen in eine 10 x 5-Matrix geschrieben.

5	0	8	1	1
7	9	5	8	8
1	4	0	7	3
0	7	1	4	5
8	4	7	7	1
2	9	4	0	2
6	3	1	3	6
4	2	9	3	6
9	8	1	7	4
3	5	8	6	2

In jeder Zeile steht genau eine korrekte Ziffer, d. h. eine Ziffer, die auch in der Kundennummer an dieser Stelle steht. In der ersten Spalte sind alle Ziffern verschieden, deshalb kann dort nur eine Ziffer korrekt sein. Da in nur fünf Spalten insgesamt zehn korrekte Ziffern stehen, wovon in der ersten Spalte gerade eine steht, müssen sich die verbleibenden neun Ziffern auf die letzten vier Spalten verteilen. Dies ist nur möglich, wenn mindestens eine Spalte drei oder mehr korrekte Ziffern enthält. Dafür kommen nur die dritte Spalte mit drei Einsen und die vierte mit drei Siebenen infrage. Falls es zwei Spalten mit drei korrekten Ziffern gibt, muss die Kundennummer also die Form ??17? haben, was aber unmöglich ist, da dann in der Zahl 98 174 zwei korrekte Ziffern stünden. Somit kann es nur eine Spalte mit drei korrekten Ziffern geben, und die anderen Spalten enthalten zwei korrekte Ziffern. Hierfür gibt es nun die Möglichkeiten ??13? und ??87?. Die erste scheidet aus, weil ansonsten in der Zahl 63 136 zwei korrekte Ziffern stünden. Aus ??87? folgt nun für die zweite Stelle eine 9 und hieraus für die fünfte Stelle eine 6. Schließlich bleibt für die erste Stelle nur noch die 0 übrig.

Die gesuchte Kundennummer lautete also 09876.

55. Der Kuppelbau

Um den ungefähren Radius des Kuppelbaus zu bestimmen, nimmt man zunächst einmal an, die 600 Platten würden den Boden vollständig bedecken. Die Grundfläche betrüge also 600 Quadratellen. Nun erhält man mit der Kreisflächengleichung $F = \pi r^2$ einen Radius von etwa 13,8 Ellen. Der wahre Radius muss jedoch etwas größer sein, da ja noch der mit Ziegeln gepflasterte Rand zur Fläche hinzukommt. Der Einfachheit halber betrachtet man nun nur noch einen Viertelkreis, den man mit 150 Platten bedecken muss. Durch Ausprobieren findet man heraus, dass ein Viertelkreis mit einem Radius von $\sqrt{205} \approx 14{,}32$ Ellen exakt 150 Platten umschließt. Der Umfang läuft genau durch die mit einem Punkt markierten Plattenecken. Erhöht man den Radius auf $\sqrt{208} \approx 14{,}42$ Ellen, schließt der Viertelkreis zwei zusätzliche Platten ein, die in der Zeichnung gepunktet sind. Das bedeutet, der Kuppelbau hatte einen Durchmesser von mindestens 28,64 Ellen, aber von weniger als 28,84 Ellen.

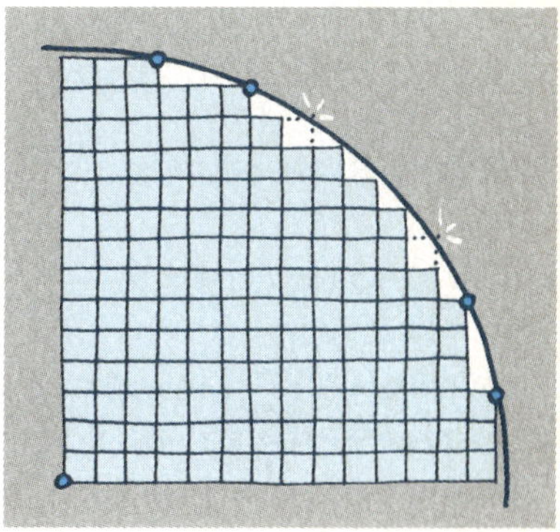

56. Das Chronogramm

Die fünf Zahlen, die gleich ihrem chronogrammatischen Wert sind, lauten

eIns = 1
fünfhunDert = 500
fünfhunDerteIns = 501
seChshunDert = 600
seChshunDerteIns = 601.

57. Die Kanutour

Die Aufgabe lässt sich nur durch mühsame Rechnerei lösen, wenn man sich bei allen Geschwindigkeiten und Strecken auf das ruhende Flussufer bezieht. Sie wird jedoch geradezu simpel, wenn man das Bezugssystem mit dem Wasser fließen lässt, oder mit anderen Worten, wenn man das Wasser als ruhend betrachtet.

Die ins Wasser gefallene Flasche rührte sich in diesem System nicht vom Fleck, da sie die gleiche Geschwindigkeit hatte wie der Fluss. Das Kanu, das eine konstante Geschwindigkeit relativ zum Wasser hatte, fuhr eine halbe Stunde lang von der Flasche weg. Folglich brauchte es auch für den Rückweg eine halbe Stunde, und somit war die Flasche genau eine Stunde lang im Wasser.

58. Die Knickpyramide

Mit der Tangensfunktion und dem Strahlensatz erhält man die Höhen und Seitenlängen der ursprünglich geplanten und der tatsächlich gebauten Pyramide:

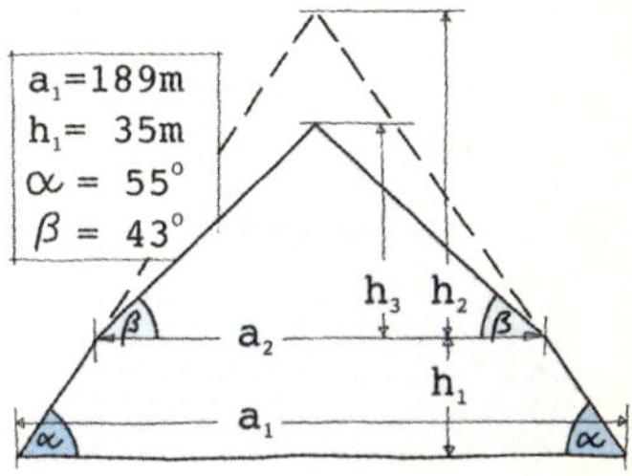

$$h_0 = \frac{a_1 \tan \alpha}{2} = 135{,}0\,\text{m}$$

$$h_2 = h_0 - h_1 = 100{,}0\,\text{m}$$

$$a_2 = \frac{a_1 h_1}{h_0} = 140{,}0\,\text{m}$$

$$h_3 = \frac{a_2 \tan \beta}{2} = 65{,}3\,\text{m}$$

Mit der Pyramidengleichung $V = a^2 h/3$ lassen sich die Volumina der geplanten Pyramide V_0 und der gebauten Pyramide V_1 berechnen:

$$V_0 = \frac{a_1^2 h_0}{3}$$

$$V_1 = V_0 - \frac{a_2^2 h_2}{3} + \frac{a_2^2 h_3}{3}$$

Die Materialersparnis, verglichen mit der geplanten Pyramide, betrug somit

$$\frac{V_0 - V_1}{V_0} = \frac{a_2^2 (h_2 - h_3)}{a_1^2 h_0} \approx 14\,\%.$$

59. Der Heuvorrat

Bezeichnet man mit K den Anteil des gesamten ursprünglichen Heuvorrates, den die Kühe an einem Tag fraßen, und mit S und Z die Anteile, den die Schafe bzw. die Ziegen pro Tag fraßen, so lassen sich die Aussagen aus der Aufgabe zu folgenden Gleichungen zusammenfassen:

$$K+S=\frac{1}{45} \qquad K+Z=\frac{1}{60} \qquad S+Z=\frac{1}{90}$$

Addiert man die Gleichungen, erhält man:

$$(K+S)+(K+Z)+(S+Z)=\frac{1}{45}+\frac{1}{60}+\frac{1}{90}$$

oder

$$K+S+Z=\frac{1}{40}.$$

Das bedeutet, der eigene Heuvorrat des Bauern reichte 40 Tage lang.

60. Das Geschenk

Die Kantenlänge des würfelförmigen Kartons wird mit A bezeichnet, der Radius der Glaskugel mit R und der der Styroporkugeln mit r. Die Mittelpunkte der acht Styroporkugeln, die in den Ecken des Kartons steckten, bildeten die Eckpunkte eines Würfels der Kantenlänge $a = A - 2r$. Entlang der vier Raumdiagonalen dieses kleinen Würfels, die alle eine Länge von $a\sqrt{3}$ hatten, reihten sich jeweils zwei halbe Styroporkugeln und die Glaskugel auf. Es gilt also $a\sqrt{3} = 2r + 2R$. Ersetzt man a durch $A - 2r$, so erhält man nach einigen Umformungen

$$r = \frac{A\sqrt{3} - 2R}{2(1 + \sqrt{3})}.$$

Mit $A = 30$ cm und $R = 14$ cm ergibt sich für den Radius der Styroporkugeln $r \approx 4{,}385$ cm.

61. Die Affen

Verteilt man die N Erdnüsse an die 11 Schimpansen, so bekommt jeder Affe n Nüsse, und es bleibt eine Nuss übrig. Verteilt man sie jedoch an die 13 Paviane, erhält jedes Tier m Nüsse, und 8 Nüsse bleiben übrig. Es gilt also $N = 11n + 1 = 13m + 8$ oder $11n - 13m = 7$. Die kleinsten Zahlen, die diese Bedingungen erfüllen, sind $n = 3$ und $m = 2$ und somit $N = 34$. Da $11 \cdot 13 = 143$ Nüsse ohne Rest sowohl auf die Schimpansen als auch auf die Paviane verteilt werden können, ergibt auch jede Anzahl $N = 143k + 34 = 34, 177, 320, 463, \ldots$ die Reste 1 bzw. 8. Jetzt braucht man nur noch die Zahlen zu überprüfen, ob sie bei der Division durch die Gibbonanzahl 17 einen Rest von 3 ergeben, und ob sie nicht durch $11 + 13 = 24$, nicht durch $11 + 17 = 28$, nicht durch $13 + 17 = 30$ und nicht durch $11 + 13 + 17 = 41$ teilbar sind. Die kleinste Zahl, die dies alles erfüllt, ist $143 \cdot 15 + 34 = 2179$. Die Kinder hatten also 2179 Nüsse in ihrem Beutel.

62. Der Spiegel

Damit sich jemand vollständig in einem Spiegel sehen kann, muss er insbesondere auch seine Fußspitze und seinen Scheitel sehen können. Das bedeutet, die Unterkante des Spiegels muss so tief hängen, dass er einen Lichtstrahl, der von der Fußspitze kommt, noch ins Auge reflektieren kann. Außerdem muss die Oberkante des Spiegels so hoch liegen, dass ein Lichtstrahl vom Scheitel ins Auge gelangen kann. Da nach dem Reflexionsgesetz der Einfallswinkel gleich dem Ausfallswinkel ist, muss die Unterkante auf halber Höhe zwischen Fußsohlen und Augen liegen und die Oberkante auf halber Höhe zwischen Augen und Scheitel. Folglich muss der Spiegel mindestens die halbe Größe des sich darin betrachtenden Menschen haben.

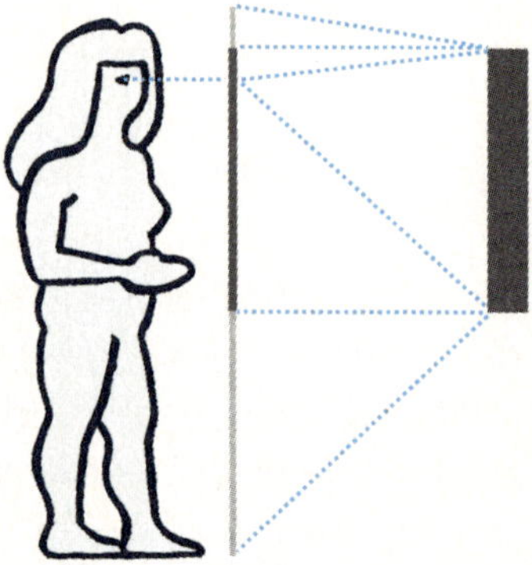

Da meine Frau 1,68 m groß ist, musste der Spiegel also mindestens 84 cm hoch sein. Der Abstand des Betrachters vom Spiegel spielt dabei übrigens keine Rolle.

63. Die Dominosteine

Die meisten der achtundzwanzig Dominosteine können zu Anfang an vielen Stellen in dem Zahlenrechteck liegen, aber für die Steine (0-0), (2-2), (5-5) und (6-6) gibt es nur jeweils eine Möglichkeit. Hat man diese Steine in das Rechteck gelegt, sieht man, dass der Stein (5-6) mit beiden Feldern in die zweitunterste Zeile und der Stein (4-4) in die untere rechte Ecke gehört. Daraus folgt, der Stein (4-2) muss in der obersten und der Stein (2-0) in der untersten Zeile liegen.

Auf diese Weise hangelt man sich Schritt für Schritt weiter, bis sich schließlich alle Dominosteine in dem Zahlenrechteck befinden. Nun sieht man, dass drei Steine mit beiden Feldern in der obersten Zeile liegen.

64. Das Schachturnier

Da alle Mitglieder einmal gegeneinander spielten und der Club zweiundzwanzig Mitglieder hatte, musste jedes Mitglied genau einundzwanzig Partien spielen. Weil jeweils zwei Mitglieder gegeneinander spielten, fanden also insgesamt $\frac{1}{2} \cdot 22 \cdot 21 = 231$ Spiele statt. Jedes Spiel kostete die Clubkasse fünfzig Euro, die entweder dem Gewinner oder, bei einem Remis, je zur Hälfte beiden Spielern gegeben wurden. Insgesamt musste also der Kassenführer des Schachclubs, unabhängig von der Anzahl der unentschieden ausgehenden Spiele, 231 · 50 € = 11550 € für das Turnier ausgeben.

65. Die Zahlenreihe

Die beiden ersten Zahlen einer Reihe mit sechzig Millionen Elementen sind a_1 und a_2, und alle weiteren Zahlen berechnen sich nach der Gleichung $a_i = a_{i-1} - a_{i-2}$. Sechs beliebige aufeinander folgende Elemente der Reihe sind also:

$$
\begin{aligned}
a_i &= a_{i-1} - a_{i-2} \\
a_{i-1} &= a_i - a_{i-1} &&= (a_{i-1} - a_{i-2}) - a_{i-1} &&= -a_{i-2} \\
a_{i-2} &= a_{i+1} - a_i &&= -a_{i-2} - (a_{i-1} - a_{i-2}) &&= -a_{i-1} \\
a_{i-3} &= a_{i+2} - a_{i+1} &&= -a_{i-1} - (-a_{i-2}) &&= -a_{i-1} + a_{i-2}
\end{aligned}
$$

$$a_{i-4} = a_{i+3} - a_{i+2} = (-a_{i-1} + a_{i-2}) + a_{i-1} = a_{i-2}$$
$$a_{i-5} = a_{i+4} - a_{i+3} = a_{i-2} - (-a_{i-1} + a_{i-2}) = a_{i-1}$$

Ihre Summe ist 0. Da 60 000 000 aus 10 000 000 Sechsergruppen aufeinander folgender Elemente besteht, ist auch die Gesamtsumme aller Elemente 0. Die Werte von a_1 und a_2 spielen dabei keine Rolle. Die gesuchte Lösung ist also 0.

66. Der Erfinder

Jede positive ganze Zahl lässt sich auf nur eine einzige Art in ein Produkt von Primzahlen zerlegen. Diese Primfaktoren sind bei sehr großen Zahlen manchmal nicht leicht zu finden, bei 1 000 000 000 jedoch ist dies noch kein Problem: $1\,000\,000\,000 = 10^9 = (2 \cdot 5)^9 = 2^9 \cdot 5^9$. Die Primfaktoren von 1 000 000 000 sind also nur Zweien und Fünfen.

Um die gesuchten Zahlen m und n zu finden, die keine Nullen enthalten und deren Produkt 1 000 000 000 ergibt, muss man diese achtzehn Primzahlen in zwei Gruppen teilen. Enthält jetzt eine Gruppe gleichzeitig Zweien und Fünfen, so endet das Produkt auf jeden Fall mit einer Null, denn $2 \cdot 5 = 10$. Wenn also m und n nicht auf Nullen enden sollen, so müssen die Zweien und Fünfen streng getrennt bleiben. Es gibt folglich nur ein Kandidatenpaar für eine mögliche Lösung: $m = 2^9$ und $n = 5^9$. Multipliziert man diese Exponentialzahlen aus, so stellt man fest, dass sie tatsächlich keine Nullen besitzen und somit die gesuchte Lösung des Problems sind. Der Zufallszahlengenerator hat also die Zahlen 512 und 1 953 125 ausgegeben.

67. Der Piratenschatz

Die Größe des Dukatenschatzes und die Anzahl der Mitglieder der Piratenbande müssen der Dividend und der Divisor der Rechnung sein.

Im ersten Schritt kann man zwei Nullen im Quotienten und zwei Einsen in den Zwischenschritten finden. Ihre Notwendigkeit ist leicht einzusehen.

```
* * * * * * * * : * * * = * * 0 0 * *
* * *
-----
1 * * *
  * * *
-------
      1 * * *
        * * *
      -------
        * * * *
        * * * *
        -------
```

Wenn die Differenz zwischen einer vierstelligen und einer dreistelligen Zahl 1 ist, muss es sich um 1000 und 999 handeln.

```
* * * 0 * * * * : * * * = * * 0 0 * *
* * *
1 0 0 0
  9 9 9
-------
      1 * * *
        * * *
      -------
        * * * *
        * * * *
        -------
```

Die Zahl 999 ist also ein ganzzahliges Vielfaches des dreistelligen Divisors. Da die Primfaktoren von 999 die Zahlen 3, 3, 3 und 37 sind, kommen nur 111, 333 und 999 infrage. Das Produkt $9 \cdot 111$ beträgt nur 999, es ist also kein vierstelliges Vielfaches möglich, folglich scheidet 111 aus. Der Divisor 999 ist unmöglich, da der Rest vom ersten Schritt 100 ist; bei 999 dürfte er nur 0 sein. Somit bleibt nur noch 333 als Divisor übrig. Captain Flints Bande bestand also aus 333 Piraten.

Damit ist die Aufgabe gelöst. Kann man aber auch die Rechnung vollständig rekonstruieren?

Aus dem Divisor 333 ergibt sich nun, dass die zweite und die vorletzte Ziffer des Quotienten Dreien sein müssen.

```
* * * 0 * * * * : 3 3 3 = * 3 0 0 3 *
* * *
-------
1 0 0 0
  9 9 9
-------
      1 * * *
        9 9 9
      -------
        * * * *
        * * * *
        -------
```

Der Rest der Rechnung ist nicht mehr eindeutig. Die erste Ziffer des Quotienten ist entweder eine 1 oder eine 2.

```
4 3 3 0 * * * * : 3 3 3 = 1 3 0 0 3 *
3 3 3
-------
1 0 0 0
  9 9 9
-------
      1 * * *
        9 9 9
      -------
        * * * *
        * * * *
        -------
```

```
7 6 6 0 * * * * : 3 3 3 = 2 3 0 0 3 *
6 6 6
-------
1 0 0 0
  9 9 9
-------
      1 * * *
        9 9 9
      -------
        * * * *
        * * * *
        -------
```

Die letzte Stelle kann eine der Ziffern 4, 5, 6, 7, 8 oder 9 sein. Die nun noch fehlenden Ziffern ergeben sich daraus. Die gesamte Rechnung hat also zwölf verschiedene Lösungen.

68. Der letzte Wille

Die Größe a soll das Alter des Enkels bei dem Gespräch mit dem Großvater und b die Anzahl der Geburtstagsbesuche bezeichnen.

Da der Enkel noch nicht volljährig war, muss a kleiner als 18 sein: $0 \leq a < 18$. Nach dem letzten Willen des Großvaters sollte ich dem Enkel an jedem Geburtstag so viele Eurostücke geben, wie er Jahre alt geworden ist, bis das gesamte Erbe aufgebraucht ist. Die ausgezahlten Beträge bilden somit eine arithmetische Reihe.

$$(a + 1) + (a + 2) + (a + 3) + \ldots + (a + b) = ab + \frac{b}{2}(b + 1)$$

Da der alte Mann mindestens 400, aber höchstens 900 Euro gespart hatte, muss diese Summe zwischen 400 und 900 liegen und ein ganzzahliges Vielfaches von 100 sein.

$$ab + \frac{b}{2}(b+1) = 100n \qquad \text{mit} \qquad n = 4, 5, 6, 7, 8, 9$$

Aus dieser Gleichung erhält man leicht sechs ganzzahlige Lösungen.

b:	25	25	25	25	35	40
a:	3	7	11	15	2	2
n:	4	5	6	7	7	9

Da ich, als ich das Alter des Enkels genannt bekam, wusste, wie oft ich ihn würde besuchen müssen, muss aus dieser Angabe b eindeutig folgen. Für $a = 2$ existieren zwei möglich b-Werte, deshalb muss dieser Fall ausscheiden. Zu den anderen vier Werten von a gehört jeweils die Besuchszahl $b = 25$. Folglich muss ich dem Enkel des alten Mannes 25 Jahre lang Geld an dessen Geburtstag bringen.

69. Teilbarkeitswahrscheinlichkeit

Um dieses Problem lösen zu können, ohne die 10! = 3628800 Möglichkeiten durchzuprobieren, muss man einige Teilbarkeitsregeln kennen.

Eine Zahl ist ohne Rest durch 4 teilbar, wenn die Zahl, die von ihren letzten beiden Ziffern gebildet wird, durch 4 teilbar ist. Die vorderen Ziffern spielen dabei keine Rolle. Zum Beispiel ist 3141592 durch 4 teilbar, weil sich 92 durch 4 teilen lässt.

Durch 9 ist eine Zahl teilbar, wenn ihre Quersumme, also die Summe ihrer Ziffern, durch 9 teilbar ist. Beispielsweise hat die Quersumme von 5111955 den Wert 27. Da 27 durch 9 teilbar ist, muss es 5111955 auch sein.

Die Teilbarkeitsregel für die 11 ist etwas komplizierter. Man berechnet zunächst den Elferrest. Der Elferrest ist die Differenz zwischen zwei Quersummen: Die eine Quersumme ist die Summe der Ziffern auf den ungeraden Stellen, also die Summe der Ziffern auf der ersten, dritten, fünften Stelle usw., die andere ist die Summe der Ziffern auf den geraden Stellen. Beispielsweise hat der Elferrest von 487 259 den Wert 3, denn es gilt $(8 + 2 + 9) - (4 + 7 + 5) = 19 - 16 = 3$. Ist der Elferrest einer Zahl durch 11 teilbar, dann ist es die Zahl selbst auch.

Nun zur eigentlichen Lösung der Aufgabe. Die Zahl

$$N = 5\_383\_8\_2\_936\_5\_8\_203\_9\_3\_76$$

endet auf 76. Da 76 durch 4 teilbar ist, muss es N auch sein.

Die Quersumme aller Ziffern der Zahl, einschließlich der noch einzusetzenden Ziffern von 0 bis 9, ist 135. Diese Zahl ist durch 9 teilbar, folglich lässt sich auch N durch 9 teilen.

Auf den geraden Stellen von N brauchen keine Ziffern mehr eingesetzt zu werden. Die gerade Quersumme beträgt somit 73. Die zehn Ziffern, die noch eingesetzt werden müssen, gehören alle auf ungerade Stellen. Darum kann man die Quersumme der ungeraden Stellen leicht zu 62 berechnen. Der Elferrest ergibt also $73 - 62 = 11$. Die Zahl 11 ist natürlich durch 11 teilbar, folglich ist es N auch.

Die Zahl N ist somit, unabhängig davon, wie man die zehn Ziffern einsetzt, immer durch 4, 9 und 11 teilbar. Da diese drei Zahlen teilerfremd sind, ist N auch immer durch ihr Produkt $4 \cdot 9 \cdot 11 = 396$ teilbar. Die gesuchte Wahrscheinlichkeit für die Teilbarkeit von N durch 396 beträgt also 1 oder 100 %.

10. Das Problem des Händeschüttelns

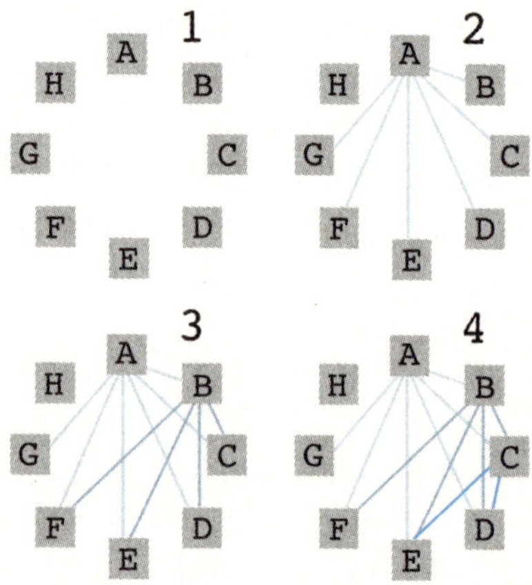

Auf den ersten Blick sieht es aus, als ob das Problem unlösbar wäre: Es scheinen Informationen zu fehlen. Aber das ist ein Irrtum. Die Frage aus der Aufgabe kann ohne zusätzliche Angaben beantwortet werden.

Dazu stellt man die acht Teilnehmer meiner Geburtstagsfeier durch auf einem Kreis angeordnete Punkte dar.

Weil keine der acht Personen dem Ehepartner oder sich selbst die Hand gab, konnte jede höchstens sechs Hände schütteln. Die Antworten, die ich bekam, lauteten also 0, 1, 2, 3, 4, 5 und 6.

Da mit den Buchstaben A bis H keine bestimmten Personennamen verbunden sind, kann man völlig willkürlich annehmen, dass A sechs Leuten, und zwar B, C, D, E, F und G, die Hand schüttelte. Dies ist durch Verbindungslinien zwischen den Punkten angedeutet. An der Skizze kann man nun sehen, dass H derjenige ist, der niemandem die Hand gab. Da A allen außer H die Hand schüttelte, bedeutet dies außerdem, dass A und H miteinander verheiratet sind.

Im nächsten Schritt wird angenommen, dass B fünf Leuten die Hand gab. Aus dem Diagramm kann man entnehmen, dass G nur A und dass B allen Leuten außer G und H die Hand schüttelte. Da H mit A verheiratet ist, müssen G und B ein Ehepaar sein.

Der dritte Schritt geht ganz analog. Man nimmt an, C gab vier Personen die Hand, und stellt dann fest, dass F nur zweien die Hand gab und mit C verheiratet ist.

Wenn man jetzt die Skizze betrachtet, sieht man, dass D und E jeweils drei Gäste mit Handschlag begrüßten. Da ich jedoch bei meiner Umfrage nur einmal die Antwort «3» bekam, muss ich selbst einer der beiden sein. Weil außerdem auch D und E miteinander verheiratet sind, ist meine Frau die zweite. Meine Frau gab also drei Gästen die Hand.